Living in God's Best

by
Andrew Wommack

Living in God's Best: Don't Settle for Less
ISBN : 978-1-68031-139-6
Copyright ⓒ 2017 by Andrew Wommack
Published by Harrison House Publishers
Tulsa, Oklahoma
www.harrisonhouse.com

Korean, Korea Edition Copyright
ⓒ 2022 by Word of Faith Co.
All rights reserved.

하나님의 최선 안에 사는 법

발행일 2022. 10. 15 1판 1쇄 발행
       2023. 4. 28 1판 2쇄 발행

지은이 앤드류 워맥
옮긴이 반재경
발행인 최순애
발행처 믿음의말씀사
2000. 8. 14 등록 제 68호
우) 16934 경기도 용인시 기흥구 신정로 301번길 59
Tel. 031) 8005-5483 Fax. 031) 8005-5485
http://faithbook.kr

ISBN 89-94901-99-× 03230
값 18,000원

본 저작물의 저작권은 '믿음의말씀사'가 소유합니다.
저작권법에 의해 보호를 받는 저작물이므로 무단 전재와 복제를 금합니다.

하나님의
최선 안에
사는 법

차선에 머물지 말라

앤드류 워맥 지음 | 반재경 옮김

믿음의말씀사

| 목차 |

01 하나님을 의지하라 _ 7

02 빚을 거부하라 _ 23

03 초자연적 건강 _ 37

04 하나님적인 사랑 _ 47

05 죽을 때까지? _ 53

06 이미 축복받았다 _ 65

07 육신 _ 81

08 말씀 _ 99

09 자연적인 법칙 _ 115

10 만나 _ 127

11 선포된 은총! _ 147

12 저주인가 축복인가 _ 163

13 어떤 일이 일어나든 상관없습니다 _ 177

14 되돌릴 수 없는 축복 _ 187

15 하나님의 축복을 막을 수 있는 주술은 없다 _ 203

16 내 축복을 막을 수 있는 유일한 존재 _ 215

17 속량을 받다 _ 233

18 생명을 택하라 _ 245

19 기쁨 _ 261

20 하나님은 화나지 않으셨다 _ 271

21 모든 악한 일 _ 279

22 큰 믿음 _ 293

01

하나님을 의지하라

여호와의 사자가 아비에셀 사람 요아스에게 속한 오브라에 이르러 상수리나무 아래에 앉으니라 마침 요아스의 아들 기드온이 미디안 사람에게 알리지 아니하려 하여 밀을 포도주 틀에서 타작하더니 여호와의 사자가 기드온에게 나타나 이르되 큰 용사여 여호와께서 너와 함께 계시도다 하매 기드온이 그에게 대답하되 오 나의 주여 여호와께서 우리와 함께 계시면 어찌하여 이 모든 일이 우리에게 일어났나이까 또 우리 조상들이 일찍이 우리에게 이르기를 여호와께서 우리를 애굽에서 올라오게 하신 것이 아니냐 한 그 모든 이적이 어디 있나이까 이제 여호와께서 우리를 버리사 미디안의 손에 우리를 넘겨 주셨나이다 하니 여호와께서 그를 향하여 이르시되 너는 가서 이 너의 힘으로 이스라엘을 미디안의 손에서 구원하라 내가 너를 보낸 것이 아니냐 하시니라 사사기 6:11-14

기드온 시대에 이스라엘 사람들은 미디안 사람들에게 억압을 당하고 있었고 그들에게 먹을 것을 전부 빼앗기곤 했습니다. 기드온은 그들에게 들키지 않으려고 포도주 틀에 숨어서 타작을 하고 있었습니다. 그렇게 숨어서 얼마 안 되는 곡식을 타작하고 있을 때 여호와의 천사가 나타난 것입니다. 그리고 그 천사는 이렇게 외칩니다. "큰 용사여, 여호와께서 너와 함께 계시도다!"

이에 기드온은 반문합니다. "여호와께서 우리와 함께 계시면 어찌하여 이 모든 일이 우리에게 일어났나이까 또 우리 조상들이 일찍이 우리에게 이르기를 여호와께서 우리를 애굽에서 올라오게 하신 것이 아니냐 한 그 모든 이적이 어디 있나이까" 어떤 사람들은 이 부분을 해석할 때, 기드온이 천사를 힐난 한 것이라고 합니다. 기드온이 천사에게 "난 당신의 말을 믿지 않아요. 신뢰하지 않습니다."라는 뜻으로 한 말이라고 주장하는 것입니다. 저는 그 반대라고 생각합니다. 기드온은 이스라엘이라는 나라가 얼마나 기적적으로 탄생했는지를 알고 있었기 때문에 자신이 경험하고 있던 표준 이하의 삶에 지쳐 치를 떨고 있는 상태였습니다. 그는 이스라엘이 그렇게밖에 살 수 없도록 만든 원수에게 굴복하지 않았기 때문에 밀을 타작하기 위해 어떤 일이라도 했던 것이었습니다. 더 이상 원수의 억압 아래서 살 수는 없다고 생각한 것입니다. 그는 진심으로 하나님의 최선을 원했습니다. 천사의 말을 통해 그것을 알 수 있습니다. "너는 가라. 하나님께서 너와 함께 하신다." 자신이 겪고 있던 것 이상을 원했던 기드온이 천사를 통해 응답을 받은 것이라고 할 수 있습니다.

이렇듯 우리의 삶 가운데에서 하나님의 초자연적인 능력을 경험하기 위한 첫 번째 단계에 들어가려면 진심어린 결단이 필요합니다. "더 이상 이렇게 살지는 않겠다!" 그런 사람들은 진심에서 우러나 이렇게 선포합니다. "나는 이렇게 사는 것을 거부한다!"

인생 낭비

미래가 뻔한 직장에 다니고 있습니까? 일 하러 가는 것이 싫으십니까? 단지 월요병일 뿐이라고 생각할 수도 있고 일주일 내내 마지못해 일하면서 금요일만 기다리고 있을 지도 모르겠습니다. 직장에서 벗어날 시간만 고대하고 있으니까요. 그런데 도대체 왜 그렇게 사십니까? 인생에는 예행연습이 없습니다. 인생은 단 한번 뿐이고 그렇게 사는 것은 인생을 낭비하는 것입니다!

오늘 당신의 삶을 향한 주님의 계획에 한 발 더 가까워졌습니까? 그렇지 않았다면 또 하루를 낭비한 것입니다. 무엇 때문에 좋아하지도 않고 열정도 없고 자신에게 도움도 안 되는 일을 하고 있습니까? "먹고 살아야지요." 먹어야 할 이유가 있는 삶을 만들면 됩니다!

현재 각자가 처한 삶의 모습에는 다 이유가 있습니다. 그것을 받아들였기 때문입니다. 남들이 다 그렇게 하니까 따라서 하는 것은 아무런 의미가 없습니다. 그것은 그냥 마지못해 사는 것입니다.

하나님은 특별한 일을 위해 당신을 만드셨습니다. 하나님은 쓸모없는 사람은 만들지 않으십니다. 실패자를 만들지 않으십니다. 하나님은 보잘것없는 사람을 만들지 않으시며 세상이 '평범하다'고 부르는 사람도 만들지 않으십니다. 하나님은 모든 사람을 특별하게 창조하셨고 각각 그들만이 성취할 수 있는 목적을 주셨습니다. 모든 사람들이 제가 하는 일을 해야 되는 것은 아닙니다. 저 또한 다른 사람이 해야 할 일을 하지는 않을 것입니다. 하나님께서 당신을 특별하게 만드셨기 때문에 당신의 인생은 의미가 있어야 합니다. 우리는 자신의 삶에 열정이 있어야 하고 나를 향한 하나님의 부르심과 목적을 성취하고 있어야 합니다. 그런데 현실은 최선이 아닌 것에 안주하는 사람들이 많다는 것입니다.

그러나 더욱 큰 은혜를 주시나니 그러므로 일렀으되 하나님이 교만한 자를 물리치시고 겸손한 자에게 은혜를 주신다 하였느니라 그런즉 너희는 하나님께 복종할지어다 마귀를 대적하라 그리하면 너희를 피하리라   야고보서 4:6-7

겸손이란 하나님께 순복하는 것입니다. 그분께 자신을 내어드리는 것입니다. 역대하 16장 9절에 따르면 주님이 찾으시는 사람은 겸손하여 주님께 순복하는 사람입니다. 하나님의 눈은 주님을 목말라하고 주님을 갈망하는 자들을 찾으십니다. 보통 사람들이 안주하는 것에 만족하지 않는 자들을 찾고 계십니다.

자기를 의지하는 것

물론 이 책을 읽고 계신 분들은 대부분 신앙에 열심을 가진 분들일 것입니다. 저 같은 텍사스 출신 촌사람의 책을 읽고 있다는 사실만 봐도 당신은 열심당원이거나 아니면 누가 읽어보라고 했을 겁니다. 그러니까 여러분들은 그냥 평범한 사람들은 아닙니다. 뭔가 더 많은 것을 사모하고 있을 것입니다. 하나님께 순복하고 있을 것입니다. TV나 보며 시간을 보낼 수도 있지만 이 책을 읽으면서 제 말을 통해 하나님께서 하시는 말씀을 숙고하고 있으니까요.

겸손은 하나님께 순복하고 마귀를 대적하는 것입니다. 그렇게 할 때 마귀는 도망갑니다. 슬픈 사실은 우리 대부분이 하나님께 순복하지 않는다는 것입니다. 마귀를 대적하지도 않습니다. 오히려 마귀에게 협력하고 있는데, 의도적으로 그러는 것은 아니지만, 그러고 있다는 사실조차 모릅니다.

겸손은 자신을 의지하지 않고 하나님을 의지하는 것입니다. 자기 자신의 육신적인 힘과 능력 대신 주님을 신뢰하는 것이 겸손입니다. 자기 자신의 힘과 노력으로 살고자 하는 것은 겸손이 아니며 그것은 또한 하나님께 순복하지 않는 것입니다.

이것이 바로 역대하 16장에 나오는 아사 왕의 문제였습니다. 당시 이스라엘은 둘로 나누어져 있었는데 북쪽의 열개 지파는 이스라엘, 남쪽의 두개 지파는 유다라고 불렀고 아사는 유다의 왕이었습니다. 당시 이스라엘 왕이 아사를 대적하기 위해 성읍을 지었는데 그것이 라마입니다. 라마는 유다로 들어가는 물자를 차단하고 다른 나라와의 소통을 막을 수 있는 전략적인 위치에 지어졌습니다. 라마를 건축한 목적은 유다를 패배시키려는 것이었습니다.

말씀에 기록된 바에 따르면 이스라엘 왕이 라마를 건축하여 유다를 포위하자 아사 왕은 성전의 금은보화를 전부 다 아람 왕 벤하닷에게 보냅니다. "나와 당신 사이에 약조하자 내가 당신에게 은금을 보내노니 와서 이스라엘 왕 바아사와 세운 약조를 깨뜨려 그가 나를 떠나게 하라." 이스라엘이 아람과 싸워야한다면 유다와 싸울 여유가 없을 거라고 생각했던 것입니다. 벤하닷은 금은보화를 받고 아사 왕이 요청한대로 이스라엘을 공격합니다. 그러자 이스라엘 왕은 유다를 공격하지 못했고 라마를 건설하는 일도 중단해야했습니다.

무엇이 문제인가

아사 왕은 이 기회를 놓치지 않고 자기의 백성에게 명령하기를 모두 라마로 가서 성을 짓기 위해 사용했던 돌들을 모두 흩어 놓으라고 했습니다. 그 결과 이스라엘 왕이 해 놓은 일이 전부 허사가 되었습니다. 결과적으로는 아사 왕은 아군, 적군 할 것 없이 한 사람도 다치게 하지 않고 전투에서 승리합니다. 아람 왕을 이용하여 이스라엘과 싸우게 했기 때문입니다. 이런 방법을 써서 그가 당면한 문제에서 빠져나간 것입니다.

이쯤 되면 사람들은 대부분 이렇게 생각할 것입니다. '그것이 뭐가 문제지? 아사 왕은 문제를 해결했고 유다 사람들도 다치지 않았는데 뭐가 문제란 말인가?'

하나님은 이 사건을 다르게 보셨습니다. 역대하 16장 7-8절을 봅시다.

> 그 때에 선견자 하나니가 유다 왕 아사에게 나와서 그에게 이르되 왕이 아람 왕을 의지하고 왕의 하나님 여호와를 의지하지 아니하였으므로 아람 왕의 군대가 왕의 손에서 벗어났나이다 구스 사람과 룹 사람의 군대가 크지 아니하며 말과 병거가 심히 많지 아니하더이까 그러나 왕이 여호와를 의지하였으므로 여호와께서 왕의 손에 넘기셨나이다   역대하 16:7-8

아래는 아사가 처음으로 권력을 잡고 왕이 되어 통치를 시작했을 때 이야기입니다. 역대하 14장에 나오는 구절들을 유의해서 봅시다.

> 아사가 그의 하나님 여호와 보시기에 선과 정의를 행하여 이방 제단과 산당을 없애고 주상을 깨뜨리며 아세라 상을 찍고 유다 사람에게 명하여 그 조상들의 하나님 여호와를 찾게 하며 그의 율법과 명령을 행하게 하고 또 유다 모든 성읍에서 산당과 태양상을 없애매 나라가 그 앞에서 평안함을 누리니라 여호와께서 아사에게 평안을 주셨으므로 그 땅이 평안하여 여러 해 싸움이 없은지라 그가 견고한 성읍들을 유다에 건축

하니라 아사가 일찍이 유다 사람에게 이르되 우리가 우리 하나님 여호와를 찾았으므로 이 땅이 아직 우리 앞에 있나니 우리가 이 성읍들을 건축하고 그 주위에 성곽과 망대와 문과 빗장을 만들자 우리가 주를 찾았으므로 주께서 우리 사방에 평안을 주셨느니라 하고 이에 그들이 성읍을 형통하게 건축하였더라 역대하 14:2-7

유다가 평안하고 형통했던 직접적인 원인은 아사 왕이 주님을 구하는 사람이었기 때문입니다. 위에 인용된 구절에 분명히 언급되어 있습니다.

교만

아사의 군대는 유다 중에서 큰 방패와 창을 잡는 자가 삼십만 명이요 베냐민 중에서 작은 방패를 잡으며 활을 당기는 자가 이십팔만 명이라 그들(총 58만)은 다 큰 용사였더라 구스 사람 세라가 그들을 치려 하여 군사 백만 명과 병거 삼백 대를 거느리고 마레사에 이르매 아사가 마주 나가서 마레사의 스바다 골짜기에 전열을 갖추고 아사가 그의 하나님 여호와께 부르짖어 이르되 여호와여 힘이 강한 자와 약한 자 사이에는 주밖에 도와 줄 이가 없사오니 우리 하나님 여호와여 우리를 도우소서 우리가 주를 의지하오며 주의 이름을 의탁하옵고 이 많은 무리를 치러 왔나이다 여호와여 주는 우리 하나님이 시오니 원하건대 사람이 주를 이기지 못하게 하옵소서 하였더니
역대하 14:8-11

하나님은 교만한 자를 대적하시고 겸손한 자에게는 은혜를 베푸십니다(약 4:6). 아사 왕도 자신을 겸손케 하여 하나님을 의지했었습니다. 그는 58만의 군대로 백만이 넘는 적군과 싸우고 있었고 그것은 아사 왕의 능력을 훨씬 넘어서는 일이었습니다. 그래서 그는 주님께 부르짖었습니다. "우리는 주님만 바라봅니다. 우리는 주님을 의지합니다. 우리는 주님의 도우심이 필요합니다!"

하나님은 겸손한 자에게는 은혜를 베푸시고 교만한 자는 물리치십니다. 혼자 힘으로 모두 다 해결해 보려는 것은 겸손이 아닙니다. 혼자 모든 일을 다 하는 것은 하나님께 순복하는 것이 아닙니다. 대부분의 사람들이 그러한 행동을 교만이라고 생각하지 않고 교만이라고 부르지 않을지라도 그것은 분명히 교만한 행동입니다. 대부분의 사람들 생각에는 교만이란 자기를 높이면서 다른 사람들보다 자신이 잘났다고 생

각하는 것입니다. 그러나 교만의 근본은 자기 자신을 의지하는 것입니다. 스스로 판단하여 자기 힘으로 해결하려는 것이 교만입니다.

과정이 더 중요하다

아사가 자신을 낮추고 하나님께 부르짖자 하나님께서 도우십니다.

> 여호와께서 구스 사람들을 아사와 유다 사람들 앞에서 치시니 구스 사람들이 도망하는지라 아사와 그와 함께 한 백성이 구스 사람들을 추격하여 그랄까지 이르매 이에 구스 사람들이 엎드러지고 살아 남은 자가 없었으니 이는 여호와 앞에서와 그의 군대 앞에서 패망하였음이라 노략한 물건이 매우 많았더라 여호와께서 그랄 사면 모든 성읍 백성을 두렵게 하시니 무리가 그의 모든 성읍을 치고 그 가운데에 있는 많은 물건을 노략하고 또 짐승 지키는 천막을 치고 양과 낙타를 많이 이끌고 예루살렘으로 돌아왔더라
>
> 역대하 14:12-15

이 내용은 역대하 16장 8-9절에도 언급되는데 아사 왕이 하나님을 신뢰하여 도우심을 구했을 때 하나님께서 적들을 아사의 손에 붙이셨습니다.

구스 사람과 룹 사람의 군대가 크지 아니하며 말과 병거가 심히 많지 아니하더이까 그러나 왕이 여호와를 의지하였으므로 여호와께서 왕의 손에 넘기셨나이다 여호와의 눈은 온 땅을 두루 감찰하사 전심으로 자기에게 향하는 자들을 위하여 능력을 베푸시나니 이 일은 왕이 망령되이 행하였은즉 이 후부터는 왕에게 전쟁이 있으리이다 하매   역대하 16:8-9

아사 왕이 책망을 받은 이유는 무엇일까요? 이전에는 적군의 숫자가 두 배나 많았지만 그는 하나님을 신뢰했고 하나님은 그를 구원해 주셨습니다. 이번에는 하나님을 신뢰하여 그분의 인도를 따라 싸우러 나가는 대신, 성전과 궁의 보물들을 아람 왕에게 보내어 그가 자기를 대신하여 유다의 적들과 싸우도록 한 것입니다. 그러자 주께서 아사 왕에게 이렇게 말씀하십니다. "나는 이스라엘을 네 손에 넘겨 줄 계획을 세웠다. 또한 네가 아람도 정복했을 것이다. 그러나 너는 아람과 조약를 맺었다. 이로 인해 이스라엘만 네 손에서 벗어난 것이 아니라 아람도 네 손에서 벗어나게 되었다." 아사 왕과 유다에 대한 하나님의 계획이 모두 수포로 돌아간 것입니다.

어떤 사람들은 이렇게 생각합니다. "아니, 그럼 공격을 받고 있는데 가만히 있으라고? 그 상황에서 뭐라도 해야 되니까 아사 왕이 그렇게 한 거지." 여기서 우리가 꼭 깨달아야 하는 것이 있습니다. 원하는 결과를 얻었느냐가 아니라 그 결과를 어떻게 얻었느냐가 중요합니다. 우리의 필요가 채워지는 것이 중요한 것이 아니라 그 과정에서 하나님을 신뢰했느냐가 중요합니다. 스스로 질문해 볼 일입니다. 육신적이고 인간적인 방법으로 하진 않았습니까? 하나님께는 결과보다 과정이 더 중요합니다.

하나님의 최선을 목표로 하라

우리는 자기도 모르는 사이에 타협을 하며 살아 왔습니다. 삶의 문제들을 해결할 때 세상적인 방법을 택해왔던 것입니다. 그렇게 함으로써 하나님께서 우리 안에서 행하실 일들과 우리를 통해 하실 일들을 제한하게 됩니다.

선지자 하나니가 아사 왕에게 하나님의 말씀을 전하자 그는 이렇게 반응합니다.

> 아사가 노하여 선견자를 옥에 가두었으니 이는 그의 말에 크게 노하였음이며 그 때에 아사가 또 백성 중에서 몇 사람을 학대하였더라
>
> 역대하 16:10

아사는 하나님의 선지자에게 화가 났고 그래서 하나니 뿐 아니라 하나님의 말씀까지 거부해버립니다.

지금부터 제가 하는 말이 듣기 싫더라도 주님께서 당신의 마음을 만지실 수 있도록 마음을 열고 들으시면 좋겠습니다. 하나님의 눈은 그 마음이 전심으로 주님을 향하는 자들을 찾고 계십니다. 하나님 앞에 자신을 겸손케 하는 사람들을 찾고 계십니다. 하나님은 당신이 축복 받기를 바라는 것 이상으로 당신을 축복하기 원하십니다. 그리고 당신에게 필요한 것은 기드온이 가졌던 태도입니다. 그것은 바로 자신의 자리를 떨치고 일어나 하나님의 최선 외에는 그 어떤 것에도 안주하지 않겠다는 자세입니다. 하나님의 축복이 당신의 삶 가운데 그만큼만 나타나는 데에는 다 이유가 있습니다. 그리고 그것은 절대 하나님 탓이 아닙니다. 우리 탓입니다. 그러니 아사 왕이 저질렀던 실수, 그러니까 하나님의 말씀을 전하는 사람에게 화를 내는 실수는 절대 하지 맙시다. 아멘! 하나님의 강한 손앞에 자신을 겸손케 하고 오늘 우리를 향하신 하나님의 말씀을 받아들여야 합니다.

자, 이제 구체적인 내용을 나눌 것인데 먼저 저는 어떤 누구도 비난할 의도가 없다는 것을 말씀드리고 싶습니다. 제가 언급할 것들은 저 역시 모두 저질렀던 일들입니다. 그러니 제가 언급하는 것들을 통해 하나님께서 당신에게 말씀하시는 것이 있다면 거기에 대해서 당신은 하나님께 반응을 해야 합니다.

은혜는 누구에게 흘러가는가

당신의 현재 모습과 상관없이 주님은 당신을 사랑하십니다. 지금 하나님을 찾지 않고 있더라도 주님은 당신을 사랑하십니다. 지금부터 제가 언급하는 문제들이 당신의 삶 가운데 있더라도 주님은 당신을 사랑하십니다. 주님의 사랑은 조건이 없고 변하지 않기 때문입니다. 그러나 삶에 이러한 문제들이 있으면 하나님의 최선을 받아 누리는 능력에 영향을 받습니다. 살아남기 위해 애쓰거나, 간신히 삶을 이어가거나, 문제들을 해결하기 위해 애쓰면서 사는 것이 우리의 모습이어서는 안 됩니다. 어떤 일을 하는 데 있어서 하나님의 방법과 세상의 방법에는 실제로 큰 차이가 있습니다.

아사 왕이 그의 목표를 이룬 것은 맞습니다. 이스라엘 왕이 성읍을 짓지 못하게 됐으니까요. 그러나 그가 곤경에서 빠져

나갔더라도 하나님의 방법으로 하지는 않았습니다. 그리고 아사왕은 그것 때문에 이후로 계속해서 전쟁에 시달리게 됩니다(대하 16:9).

하나님은 옛 언약과 새 언약 아래에서 각각 다르게 행하시고 다른 방법으로 사람들을 심판하셨습니다. 새 언약 아래서는 하지 않을 방법으로 옛 언약 아래 있던 사람들을 심판하셨던 것입니다. 새 언약 아래서는 모든 심판을 예수님께 돌리셨습니다. 그럼에도 불구하고 우리가 선택한 것들에 대해서는 결과가 따라옵니다. 하나님께서 벌을 주지는 않으신다 해도 그분의 방법대로 하지 않으면 하나님께서 우리 삶 가운데 행하실 일들이 방해를 받습니다. 우리가 어떤 결정을 하느냐에 따라 거둬들이는 결과가 달라지는 것입니다.

아사 왕의 경우엔 한 번의 전쟁을 피하느라 여러 번의 전쟁을 치러야 했는데 그것은 절대 주님이 의도하신 것이 아닙니다. 우리 역시 우리의 목표를 이룰 순 있습니다. 그런데 그것을 하나님의 방법과 하나님의 능력으로 하고 있습니까? 하나님은 교만한 자를 물리치시고 겸손한 자에게 은혜를 주십니다. 그리고 은혜는 하나님께 순복하고 하나님을 의지하는 자들에게 흘러갑니다.

02

빚을 거부하라

여호와께서 너를 위하여 하늘의 아름다운 보고를 여시사 네 땅에 때를 따라 비를 내리시고 네 손으로 하는 모든 일에 복을 주시리니 네가 많은 민족에게 꾸어줄지라도 너는 꾸지 아니할 것이요   신명기 28:12

 꾸는 것이 아니라 꾸어주는 것이 하나님의 최선이라는 것을 알고 계십니까? 미국인들은 거리낌 없이 빚을 지면서도 자신들이 왜 축복받지 못하는지 의아해 합니다. 대출을 받아 집을 사면 적어도 집값의 두 배를 지불하게 됩니다. 심지어 세 배가 될 수도 있습니다. 50만 달러 나가는 집을 산다고 가정해봅시다. 장기 모기지대출에 대한 이자까지 합하면 결국 150만 달러를 지불하게 됩니다. 이런 얘기를 듣는 것은 불편한 일입니다. 빚을 졌다고 해서 하나님이 당신에게 화가 나셨다는 얘기는 아닙니다. 빚지는 것이 죄라는 말도 아닙니다. 그러나 미국인들은 대부분 대출 없이 사는 것이 좋은 것이라고 생각하지도 않습니다. 대출도 괜찮다는 생각을 가지고 있는데 바로 그러한 태도가 하나님을 제한합니다. '꾸어주나 꾸지 않는다.'라는 하나님의 방법으로 하지 않고 쉽게 빚을 지는 태도는 하나님의 최선이 우리 삶 가운데 나타나는 것을 막습니다.

많은 사람들이 신용 카드를 최대한도로 사용합니다. 카드빚을 다 갚았다 싶으면 그 카드로 또 다른 것을 삽니다. 그런 사람들이 복권에라도 당첨되면 그 돈으로 뭘 하는지 아십니까? 물건을 사고 또 사다가 결국 처음과 같은 형편이 되거나 더 나빠지기도 합니다. 그런 사람들은 쓸 수 있는 한 최대한으로 쓰면서 사는 사람들입니다. 백만 달러짜리 집에 살다가 복권에 당첨되기라도 하면 천만 달러짜리 집을 사고 요트 같은 것들도 사 들일 것입니다. 통계에 따르면 복권에 당첨된 사람들은 결국 복권에 당첨되기 이전과 같은 상황으로 돌아간다고 합니다. 그들은 하나님의 최선을 목표하지 않으니까요!

만약 당신이 바로 그런 사람이라면 정죄함이 없다는 것을 다시 말씀드립니다. 하나님은 당신을 사랑하십니다. 저도 당신을 사랑하기에 진리를 전하는 것입니다(갈 4:16). 현재 미국은 모든 것을 빚으로 살 수 있는 시스템이기 때문에 빚을 허용하는 사람들은 절대 빚에서 벗어날 수 없습니다. 당신이 이런 경우라면 낙심하거나 우울해하지 말고 그 대신 상황을 있는 그대로 받아들이고 자신을 겸손케 하여 하나님께서 그분의 최선으로 인도해 주실 것을 신뢰하십시오.

빚을 져도 된다는 사고방식

사업하는 사람들은 대부분 좋은 부채와 나쁜 부채가 있다고 주장합니다. 집처럼 가치가 상승하는 것을 구입하기 위해 대출받는 것은 문제가 없다고 말합니다. 그러나 로마서 13장 8절은 이렇게 말합니다. "피차 사랑의 빚 외에는 아무에게든지 아무 빚도 지지 말라 남을 사랑하는 자는 율법을 다 이루었느니라"

말씀에 "아무 빚도 지지 말라"고 했기 때문에 이것이 하나님의 최선을 분명하게 보여 주고 있다고 저는 생각합니다. 그래도 저는 가치가 상승하는 것을 구입할 때는 빚을 져도 된다고 생각하는 사람들과 논쟁하지는 않을 것입니다. 여기서 중요한 것은 우리가 빚으로 구입하는 것들은 대부분 시간이 지남에 따라 가치가 떨어진다는 것입니다. 예를 들어 누군가가 4만 달러에 새 차를 구입했다고 해 봅시다. 그 차를 끌고 나오는 순간, 단 10분을 몰았다 해도 그 차의 가치는 3만 달러로 떨어집니다.

자동차는 구입 이후 점점 가치가 떨어지지 절대 오르는 품목이 아닙니다. 이처럼 우리가 구입하는 것들이 대부분 가치가 떨어집니다. 사람들은 그렇게 가치가 떨어지는 것들을 사려고 빚을 지면서 자신이 왜 하나님의 최선을 누리지 못하는지 의아해 합니다.

빚져도 괜찮다는 사고방식으로는 절대 형통할 수 없습니다. 그것은 자신에게도 해가 되고 하나님의 최선을 제한하는 사고방식이기 때문에 반드시 그 사고방식에서 벗어나야 합니다. 하나님은 당신이 이 책을 읽고 있는 이 순간에도 당신의 마음을 보고 계십니다. 주님은 "이 진리에 어떻게 반응하겠느냐?"고 물으십니다. 소위 "아메리칸 드림"을 좇아, 가지고 싶은 것을 다 사서 집에다 쌓아 놓고 싶으십니까? 그보다 더 나은 삶이 존재합니다. 바로 하나님의 최선입니다. 안타깝게도 대부분의 사람들은 하나님의 최선을 목표로 삼지도 않습니다.

저희 부부도 전에 집을 사느라 빚을 진 적이 있습니다. 대출을 받아 집을 샀지만 그랬다고 하나님께서 우리를 미워하지 않으셨고 우리도 하나님을 계속 사랑했습니다. 그 대출을 다 갚는데 15년이 걸렸습니다. 대출을 다 갚고 모든 빚에서 벗어난 뒤로 이제 10년이 지났습니다.

당신이 저당 잡힌 것은 당신의 미래!

저희 부부는 이제 현금으로 차를 삽니다. 화려하진 않더라도 상태가 좋으면서도 저렴한 중고차를 사면 할부로 새 차를 샀을 경우 이자로 나갈 돈을 저축할 수 있습니다. 그러면 대략 4년 내에 대출 없이 차를 살 수 있을 것이고 그러면 이자를 낭비하지 않을 수 있습니다. 최신형 차가 아니더라도 괜찮다면 현금으로 차를 살 수 있습니다. 그렇게 하면 차 값에 두 세배를 지불하는 일은 없을 것입니다.

TV에서 5-6년 할부로 차를 살 수 있다는 광고를 봤는데 문제는 할부로 차를 사는 대부분의 사람들은 그렇게 오래 타지도 않습니다. 새 차 냄새가 사라지고 차에 흠집이라도 생기면 슬슬 그 차가 지겨워지니까요. 그런 사람들은 보통 차를 5-6년이나 타지도 않지만 탄다고 해도 그때쯤 그 차의 가치는 남은 할부금보다 떨어져 있을 것입니다. 그러면 그 할부금을 안고 또 다른 차를 삽니다. 계속 이런 식으로 하면서 왜 하나님의 최선이 자신의 재정에 역사하지 않는지 의아해 하는 것입니다. 그 이유는 당신이 원하는 것은 하나님의 최선이 아니기 때문입니다. 당신이 원하는 것은 즉각적인 만족입니다. 일시적으로는 만족할 수 있을지는 몰라도 할부로 물건을 사는 것은 미래를 저당 잡히는 것입니다!

미국은 나라 전체가 그런 상황입니다. 우리는 스스로 무덤을 파고 있습니다. 미국의 국가부채가 너무 많아져서 후대에도 갚을 수 있을지 의문입니다. 매년 이렇게 계속해서 다른 나라들로부터 돈을 빌리면서 그들이 계속적으로 우방으로 남을 것이라고 생각하는 것은 매우 비현실적입니다. 조만간 누군가는 빚을 갚으라고 할 것이고 그러면 경제가 추락하는 것을 막을 수 없을 것입니다. 정부도, 국민 개개인도 계속해서 이런 방식으로 살 수는 없습니다. 언젠가는 빚이 우리의 발목을 잡을 것입니다. 빚을 져도 괜찮다는 사고방식을 가진 사람들 모두 이 문제에 책임이 있습니다. 그러한 사고방식은 잘못 되었으며 그것은 하나님의 최선을 추구하지 않는 것입니다!

대부분의 사람들은 신용을 담보로 할부를 받을 수 있다고 좋아합니다. 돈이 모일 때까지 기다릴 필요 없이 지금 당장 좋은 차를 살 수 있으니까요! 하지만 카드회사에서 말해주지 않는 것이 있습니다. 결국 이자까지 합하면 그 차 값의 두 세배를 지불하게 된다는 사실입니다. 몇 년 뒤에 그 차의 가치는 남은 할부금보다 더 떨어질 것이고 당신의 경제적인 형편은 엉망이 되어 투 잡two job을 뛰어야 할지도 모릅니다. 예전에는 여성들이 직장을 갖지 않고 가족만 돌볼 수 있었습니다. 그런데 지금은 각자의 형편에 맞지 않는 집, 차, 그리고 여러 가지 사치품들을 신용카드나 대출로 구입하느라 맞벌이는 필수입니다.

그러다보니 내 자식을 내가 직접 키우지 못하고 다른 사람들의 손에 맡기면서 자녀들이 왜 말을 안 듣는 지 의아해 합니다.

 이런 문제를 가진 사람들이 죄를 짓고 있다는 말은 아닙니다. 우리 단체 역시 대출을 받으셨던 적이 있었습니다. 전에는 우리 건물이 콜로라도스프링스에 있었는데 그 건물을 사기 위해 320만 달러의 대출을 받아야 했습니다. 건물을 매입하는 데 들어간 비용 외에 건물 수리비 320만 달러가 추가로 필요했습니다. 그래서 그 돈도 대출을 받으려고 했는데 은행에서 계속 다음 주에 오라고 하는 바람에 지연되었습니다. 그렇게 9개월이 흘러 다시 은행을 찾았는데 그 은행의 간부가 이렇게 말하더군요. "너무 오래된 일이네요. 다시 검증을 해야겠습니다. 처음부터 다시 합시다." 이 말을 듣자 또 앞으로 9개월 동안 "다음 주에 오라"고 하겠지 싶었습니다.

"너무 늦었습니다."

 저는 그 사람에게 이렇게 답했습니다. "아니요. 기도해 보겠습니다." 처음부터 기도를 해 봤어야 했는데 그렇게 하지 못했던 것입니다. 그래서 이 문제를 두고 시간을 내어 진지하게 방언으로 기도했습니다. 성경에는 우리가 방언으로 기도 할 때 우리의 영이 기도하는 것이라고 되어 있습니다(고전 14:14). 또한 통변을 받기 위해 기도하라고 했기 때문에 저도 그렇게 기도했습니다. 그랬더니 하나님께서 전에 받았던 예언기도를 생각나게 해 주셨습니다. 내용은 사역의 확장에 관한 것이었습니다. "당신에게는 은행이 있기 때문에 사역 확장을 위해 대출을 받지 않아도 됩니다." 그 말을 듣고 '대체 나에게 무슨 은행이 있단 말이지?' 라고 생각했었습니다. 그 분은 계속해서 이렇게 말했습니다. "당신의 후원자들이 당신의 은행입니다. 당신은 대출 없이 사역을 확장하게 될 것입니다." 대출이 계속 지연되는 문제에 대해 방언으로 기도하자 이 예언을 생각나게 해 주신 것입니다. 그래서 그때 앞으로는 대출을 받지 않겠다고 결심했습니다!

그 당시 평균적으로 들어오는 후원금을 생각할 때, 저축해 놓은 것까지 합해도 320만 불이 되려면 적어도 100년 이상 걸리는 상황이었습니다. 그러나 그 당시 우리학교는 점점 공간이 부족했기 때문에 당장 무슨 수를 써야하는 상황이었습니다. 우리의 사역을 담아내기에 공간이 너무 비좁아 진 것입니다. 그 건물을 매수해서 개조하지 못한다면 큰 문제에 봉착할 상황이었습니다. 그러나 하나님께서 저에게 말씀하시는 것이 있는 것 같아서 하나님의 최선을 받아들이기로 결심했습니다.

저는 이렇게 다짐했습니다. "은행에서 내일 당장 필요한 돈을 대출해준다고 해도 이젠 받지 않겠다." 그리고 어떻게 됐는지 아십니까? 바로 다음날 그 은행 간부가 저희 사무실로 찾아왔습니다. "320만 불 말고 4백만 불을 대출해 드리겠습니다. 우리 은행에서 4백만 불을 대출해 드리기로 승인했습니다." 저는 이렇게 답했습니다. "이제 너무 늦었습니다." 그렇게 그 대출을 거절했습니다. 그 건물을 대출 없이 짓기로 이미 결단을 했기 때문입니다. 그리고 불과 14개월 만에 320만 불이 채워졌으며 대출 없이 건물 리모델링까지 완성했습니다. 모든 영광을 예수님께 돌립니다!

그 다음으로 주님께서 저에게 명하신 것은 콜로라도주 우드랜드파크에 새 캠퍼스 건물을 지어서 가능한 많은 사람들의 삶을 변화시키는 훈련을 제공하라는 것이었습니다. 그러면 그들이 열방으로 나아갈 거라고 하셨습니다. 그래서 그곳에 '생츄어리sanctuary'라는 이름의 새 캠퍼스를 짓고 있습니다. 또한 우리 졸업생들을 통해 온 열방이 변화되고 있습니다! 건축의 1단계에는 부지 구입, 인프라 구성, 설계비용 및 72,000 평방피트의 첫 번째 건물 건축이 포함되는데 여기에는 총 3,200만 불의 비용이 들었고 모두 대출 없이 완성했습니다. 할렐루야!

이 글을 쓰는 시점에서 두 번째 건물 건축이 진행되고 있습니다. 1,085대를 주차할 수 있는 주차 공간도 계획 중입니다.

이 건물은 첫 번째 건물보다 두 배 이상 큽니다. 두 번째 건물 건축에는 지금까지 2,700만 불이 투입되었습니다. 건축은 중간 단계에 도달했고 이 역시 대출 없이 완공할 것입니다. 우리 단체는 콜로라도스프링스와 우드랜드파크 이렇게 두 군데에 사무실이 있는데 양쪽을 합치면 400명이 넘는 직원이 있습니다. 우드랜드파크에 있는 157 에이커의 '생츄어리' 캠퍼스는 도심에서 떨어져 있으며 아름다운 산 '파익스 피크Pikes Peak'를 바라보고 있습니다. 콜로라도스프링스와 우드랜드파크에 각각 위치해 있는 우리 단체의 자산은 2016년에 5천만 달러가 넘는 것으로 평가받았습니다. 대출을 받을 수도 있었지만 저는 하나님의 최선을 추구하고 있습니다!

초자연적인 하나님의 능력

사람들이 하나님의 최선을 받아 누리지 못하는 이유는 그들은 그것이 없이도 살만하다고 생각하기 때문입니다. 대부분의 사람들이 대출과 빚으로 사는 것을 받아들입니다. 대출 받아 사는 것에 적응이 돼서 별 문제가 되지 않는다는 생각입니다.

최근에 우드랜드파크 시장이 저희 캠퍼스를 찾았습니다. "이렇게 캠퍼스를 짓고 계신걸 보니 재정이 충분한가 봅니다!"

그분의 말에 제가 이렇게 대답했습니다. "아니요, 저는 가진 것이 없어요. 지금 당장은 돈이 한 푼도 없지만 필요한 돈은 모두 들어오고 있습니다. 두고 보세요. 돈이 필요할 때마다 들어와 있을 테니까요." 그분은 우리가 통장에 돈 한 푼 없이 이렇게 엄청난 건축을 진행한다는 사실에 놀라는 눈치였습니다. 물론 통장에 돈은 없지만 필요할 때 채워질 것입니다. 저는 하나님을 신뢰하고 있습니다. 주님의 눈이 온 세상을 두루 감찰하며 찾으시다가 이렇게 말씀하실 것입니다. "아, 저기 앤드류가 있구나. 그는 나를 신뢰하고 있다. 그를 위해 나의 강함을 보이리라(대하 16:9)." 지금까지 단 한 푼의 대출 없이도 6천만 불 이상의 건축비가 제공되었습니다. 게다가 매달 TV와 라디오 사역에 필요한 백만 불까지 모두 제공되고 있습니다. 현재 저의 TV와 라디오 설교는 전 세계 32억 명의 사람들이 보거나 들을 수 있도록 제공되는데 그러려면 많은 비용이 들어갑니다! 직원들 월급만 한 달에 백만 불 이상이 듭니다. 우리 단체에서 운영하는 콜센터에는 하루에 3,000건 이상의 전화가 오는데 게다가 이것은 미국에서 걸려오는 것만 따진 것입니다! 앤드류 워맥 미니스트리는 전 세계에 15개의 지부가 있고 직원만 120명이 넘습니다. 여기에다가 아직도 대부분의 자료들을 무료로 나눠줍니다. 이것을 한번 따져보십시오. 하나님의 초자연적인 역사가 아니고 뭐겠습니까!

하나님의 최선을 받아 누리지 못하는 이유 중에 하나는 그것을 진심으로 바라지 않기 때문입니다. 기도응답은 원하지만, 그럼에도 불구하고 하나님을 신뢰하지는 않습니다. 예를 들면, 대출을 다 갚기 위해 주님을 의지하는 것은 너무 많은 노력이 필요하기 때문에 손 쉽게 대출을 받는 것입니다. 이것은 상처주려고 하는 말이 아니라 당신의 사고방식을 한 단계 높여서 지금보다 더 좋은 것을 바라보게 하려는 것입니다. 계속해서 대출에 의지한다면 계속 그렇게 살 수 밖에 없습니다. 원가의 2-3배를 지불하는 것을 "정상"적인 것이라고 생각한다면 하나님의 최선을 경험할 수 없습니다. 그동안 이자로 지불한 돈이 총 얼마인지 한번 생각해 보십시오.

옳은 방식과 잘못된 방식

우리 부부는 빚 없이 지낸 지 10년이 넘었습니다. 갚아야 할 이자가 없으면 사는 데 그렇게 큰돈이 들지 않습니다. 빚이 없으면 얼마나 자유롭겠습니까? 중압감과 스트레스가 없는 삶을 살게 됩니다. 갚을 이자가 없으면 상황은 훨씬 좋아집니다. 얼마나 심플하고 자유롭게 살 수 있는지 모릅니다.

말로는 하나님의 최선을 원한다고 하면서 하나님의 명령에

위배되는 일을 계속하고 있진 않습니까? 우리가 진정으로 하나님의 최선을 원한다면 주님께 순복하여 빚을 거부해야 합니다. 하나님의 최선을 추구할 분야가 많긴 하지만 이 부분은 매우 중요합니다. 원하는 것을 쉽게 손에 넣을 수 있는 이 문화를 우리는 저항할 줄 알아야 합니다.

대출 마케팅은 오랜 역사를 지닌 상술입니다. TV에서는 "이것을 사면 돈을 아낄 수 있다"고 광고합니다. 그러나 그들이 광고하는 물건을 카드빚으로 사지 않는 것이 훨씬 많은 돈을 절약하는 것입니다. 다른 사람들에게는 더 큰 빚을 지라고 하면서 막상 그들은 사람들에게 받는 이자로 엄청난 돈을 벌고 있습니다. 그들은 빚을 지는 것이 돈을 "절약"하는 것이라고 설득하는데 성공하고 있습니다. 그들의 말대로 한다면 절약할 수 있는 것은 하나도 없습니다. 그들이 당신의 피를 빨아먹고 있는 것입니다!

좋은 집과 좋은 차를 소유한 사람들이 있습니다. 그러나 그것들을 하나님의 방법으로 얻었는지가 중요합니다! 밤에 걱정없이 잘 수 있습니까, 아니면 끊임없는 재정적 압박을 받고 있습니까? 단순히 "이것을 소유해도 될까?"의 문제가 아닙니다. 형통으로 가는 방법이 옳았는가, 그것이 문제입니다.

다시 아사왕의 이야기로 돌아가면, 그가 전쟁에서는 승리했지만 하나님의 방법으로 하지 않았기 때문에 책망을 받았습니다. 주님은 더 좋은 것을 주시려 했습니다. 아사가 순종했다면 그는 이스라엘 왕뿐만 아니라 아람 왕도 물리 칠 수 있었습니다. 더 많은 전리품을 손에 넣고, 자신의 재산뿐 아니라 평안도 잃지 않을 수 있었습니다(역대하 16:1-10).

그러니 우리는 나 자신을 겸손케 하여 빚을 거절합시다. 하나님을 의지하여 그분의 최선을 받아 누립시다!

03

초자연적 건강

아사의 처음부터 끝까지의 행적은 유다와 이스라엘 열왕기에 기록되니라 아사가 왕이 된 지 삼십구 년에 그의 발이 병들어 매우 위독했으나 병이 있을 때에 그가 여호와께 구하지 아니하고 의원들에게 구하였더라   역대하 16:11-12

아사는 의원을 찾는 것만큼 주님을 찾지 않았습니다. 오늘날 우리도 마찬가지입니다. 오늘 날의 문화는 병에 걸리자마자 제일 먼저 의사를 찾고 약에 의존하고 수술에 몸을 맡깁니다. 하다하다 안 되면 그때서야 하나님을 찾습니다. 하나님과 의사를 동등하게 보는 사람들도 많습니다만 전혀 그렇지 않습니다.

제가 의사들에게 반감이 있냐고요? 그렇지 않습니다. 저는 은행에도 반감이 없습니다. 제가 말하고자 하는 것은 우리의 기도 가운데 주께서 그렇게 하라고 인도해 주실 때만 그들을 의지해야 한다는 것입니다. 그러나 대부분의 사람들은 언제나, 항상 인간의 방법과 물질적인 방법을 모두 시도해 본 다음에 인간의 능력으로 안 되는 상황에 맞닥뜨린 후에야 하나님을 찾습니다.

아사는 하나님을 찾지도 않았고 그분의 신성한 힘과 능력을 의존하지도 않았습니다. 그가 하나님 대신 의원들을 찾은 이유는 사람의 힘과 능력에 의존했기 때문입니다. 하나님께서 이처럼 구약의 사건들을 말씀에 기록하신 이유는 이것을 통해 우리를 가르치시기 위함입니다(고전 10:11). 이것은 아사가 하나님을 의지하지 않고 자신의 힘으로 하려고 했다는 또 하나의 증거입니다. 여러분, 우리는 건강에 대해서도 하나님을 의지하는 법을 배워야 합니다.

그들도 실수를 한다

최근에 캐리스 바이블 칼리지 학생 하나가 우드랜드파크에 있는 병원에 갔었는데 그 학생이 의사를 비난했던 것 같았습니다. 이 의사는 그리스도인이었는데 그 일로 저를 찾아왔습니다. 그는 저에게 화를 내거나 비난하는 대신 질문을 던졌습니다. "목사님의 생각을 알고 싶습니다."

저는 그분과 앉아 얘길 나눴습니다. "제가 의사들을 반대하는 것은 아닙니다. 의사들이 없었더라면 심각한 병에 걸린 그리스도인들은 대부분 바로 죽었을 것입니다. 하나님을 신뢰하지 않으니까요. 저는 의사들을 반대하지 않습니다. 다만 자신이 하나님인 것처럼 생각하는 의사들의 태도를 반대하는 것입니다. 어떤 사람이 암이라는 진단을 받으면 의사는 그 환자에게 곧 죽을 것이라고 하지 않습니까? 그런데 그 환자가 하나님께서 치유해 주실 것을 믿는다고 하면 비웃는 의사들이 있습니다. 인간의 능력을 초월하는 무언가를 믿는다는 이유만으로 그들을 어리석다고 생각하는 사람들이지요!"

그 의사는 이렇게 대답했습니다. "아니요, 저는 그렇지 않습니다. 저는 믿는 자입니다. 그리스도인이에요. 하나님께서 치유하실 수 있다고 믿습니다."

"그렇다면 다행이지만 환자가 하나님을 믿는다고 하면 이상한 사람처럼 취급하는 의사들에게는 문제가 있다고 생각합니다."

우리 단체 이사회 중에도 의사가 한분 계십니다. 그는 하나님의 말씀을 따르려는 사람이며 이 문제에 대해서 의견도 나눴습니다. 제가 의사들을 반대하는 것은 아니지만 그들도 인간일 뿐입니다. 하나님이 아니기에 실수를 합니다.

먼저 하나님을 의지하라

최근에 비타민을 너무 많이 섭취하면 암 발병률이 높아진다는 기사를 읽었습니다. 하나님께서 만드신 과일이나 채소에 들어있는 비타민이 문제라는 것이 아니라 비타민 보충제를 지나치게 많이 섭취하는 것이 문제라는 기사였습니다. 그런데 타인의 주장을 무조건 받아들이는 사람들이 너무 많습니다. 아침에 잠에서 깨어나기 위해 약을 먹고 잠들기 위해 약을 먹습니다. 오늘 날에는 모든 상황을 위한 약이 있습니다! 그런데 그들은 그렇게 육신만을 의지하면서 왜 자신이 하나님의 최선을 누리지 못하는지 의아해 합니다.

한 가지 분명히 하고 싶은 것이 있습니다. 저는 의사들을 반대하지 않습니다. 저는 그들이 질병과 싸우고 있다고 믿습니다. 그런데 그것은 인간의 능력입니다. 의사들의 방법은 좋은 것도 있지만 나쁜 것도 있습니다. 한번은 어떤 치유 집회에서 열두 명을 위해 기도했었는데 전부 약물치료나 수술로 인한 합병증 때문에 고생하는 사람들이었습니다. 의사들이 가입하는 의료사고 보험이 그렇게 비싼 데는 다 이유가 있는 것입니다. 우리 이사회에 소속된 그 의사 말이 자신이 집도하던 수술에서 실수로 환자 몸속에 스펀지를 3개나 남겨 두었다고 합니다. 그 환자는 거의 죽을 뻔했습니다! 이 사고는 옆에서 돕던 의사의 실수였는데 그것 때문에 수술을 다시 했다고 합니다. 그렇다고 해서 그가 마귀 짓을 한 것은 아닙니다. 그는 나쁜 사람이 아니라 단지 사람일 뿐입니다. 실수를 한 것이죠. 의사들도 이렇게 실수를 하는데 사람들은 의사들에게 실수가 없다고 생각하는 것입니다.

주님이 그때까지 오지 않으신다면 지금으로부터 100년 후의 사람들은 이 시대의 암 치료 방법을 보면서 고개를 저을 것입니다. 지금 실행되는 화학 요법과 방사선 치료는 얼굴이 붓고 머리가 빠지는 고통을 유발합니다. 차후에 사람들은 우리 시대를 돌아보면서 이렇게 말할 수도 있습니다. "21세기 사람들은 매우 원시적이었다. 사람들이 그런 치료를 받아들였다는 것이 믿기지 않는다. 너무나 야만적이다!" 아무튼 지금은 그런 치료가 최신 의료법이며 사람들의 기대를 한 몸에 받고 있습니다.

저는 수의사들도 반대하지 않지만 동물병원엔 가지 않습니다. 왠지 아세요? 저는 개가 없거든요. 저는 의사들을 반대하지 않지만 병원에 가지 않습니다. 왠지 아세요? 저는 제가 아프다고 믿지 않거든요. 아픔이 느껴질 때나 어떤 증상이 있을 때도 하나님의 말씀 위에 서서 그 말씀을 믿습니다. 저와 같이 생각하지 않는 사람들을 정죄하는 것은 아닙니다. 예수 안에는 정죄함이 없으니까요(롬 8:1). 그러나 거기 머물러 다른 사람처럼 하다가 죽지는 마십시오. 건강하기 위해 해야 할 일을 하되 먼저 하나님을 의지해야 합니다.

시멘트 못

아사는 하나님을 찾지 않았습니다. 대신 의사들을 의지했습니다(대하 16:12). 누군가는 이렇게 생각할 수 있습니다. "그 당시 의사들은 별로 실력이 없었지만 지금은 달라요. 요즘 의사들은 훌륭합니다!" 그럴 수도 있겠지만 그래도 순서를 바로 합시다.

어떤 남자가 저에게 기도 받으러 온 적이 있습니다. 콘크리트 벽에 못을 박다가 못이 부러졌는데 부러진 못이 벽에 부딪혀 튕겨 나와 그의 눈을 찔렸던 것입니다. 못이 눈에 박힌 채로 동료들의 도움으로 저희 집으로 왔습니다. 그를 위해 기도하자 통증이 모두 사라졌습니다. 출혈도 멈췄고 통증은 완전히 사라진 것입니다. 저는 하나님이 그를 치유해 주셨다고 믿었습니다. 그러나 그에게 이렇게 말했습니다. "그 못을 눈에서 빼야 하는데 제가 할 수도 있지만 전문가가 하는 것이 더 나을 것입니다." 그는 얼른 "병원으로 가겠습니다."라고 했고 저는 그에게 '그것이 현명한 선택'이라고 한 뒤 그 사람을 의사에게 보냈습니다. 이렇듯 저는 의사들을 반대하지 않습니다. 다만 우리가 먼저 기도했다는 것과 그 결과 기적이 일어났다는 것을 강조하고 싶습니다. 우리는 함께 하나님의 능력이 역사하는 것을 체험했고 그렇게 한 뒤에 병원에서 나머지 필요한 일을 해결했습니다.

초자연적인 건강을 원하십니까? 저는 현재 47년째 초자연적인 건강을 유지하고 있습니다. 그동안 두 번밖에 아프지 않았는데 두 번 다 저의 어리석음 때문이었습니다. 당시 일주일에 41시간 말씀을 전했고 바로 다음 주에는 40시간 말씀을 전했습니다. 그때 너무 피곤한 나머지 말 그대로 침대에 기어들어가야 했습니다. 피로를 회복하기 위해 24시간 동안 침대에 누워 하루 종일 쉬었더니 상태가 좋아져서 바로 장작을 팼습니다. 너무 급하게 힘든 일을 한 것이죠! 그러자 코감기에 걸려 3일 동안 또 누워있었습니다. 그러나 그것은 제가 어리석어서 일어난 일입니다. 저는 병에 걸리지 않습니다. 아프다는 것을 믿지도 않고요.

어떤 분들은 '나는 당신의 말이 안 믿어져요.' 라고 생각할지 모르겠습니다. 그것이 바로 하나님의 최선을 믿지 않는 것입니다. 그러면서 사람들의 말은 곧이곧대로 믿고 독감, 바이러스, 알레르기 등을 그대로 받아들여 고생하는 것입니다. 신성한 건강을 기대하지도 않으면서 왜 자신이 하나님의 최선을 누리지 못하는지 의아해 하는 것입니다. 하나님의 최선이 목표가 아닌데 어떻게 누리겠습니까?

안주하지 마십시오!

여러분의 집안에 어떤 병이 유전이라 당신도 곧 걸리게 될 거란 소리를 들은 적이 있습니까? 수없이 들어왔기에 그냥 받아들였을 수도 있습니다. 사람들은 말합니다. "이제 내 나이도 벌써 마흔이 넘었어. 병에 걸리는 것은 시간문제야. 눈도 나빠지겠지." 왜 그런 것을 받아들입니까? 여기 하나님의 말씀을 봅시다.

> 모세가 죽을 때 나이 백이십 세였으나 그의 눈이 흐리지 아니하였고 기력이 쇠하지 아니하였더라   신명기 34:7

모세는 우리가 가진 언약보다 열악한 언약 아래 있었습니다 (히 8:6)! 그리스도 안에서 우리가 소유한 것은 모세가 소유했던 것 보다 더 좋은 것입니다. 그런데 나이가 들어도 안경을 쓰지 않을 수 있다고 믿으면 이상한 사람이나 광신자로 취급을 받습니다. 사람들은 말합니다. "너는 도대체 왜 그러니?" 제가 묻고 싶은 것이 바로 그것입니다. 당신은 도대체 왜 그러십니까? 하나님의 최선을 믿지 않으며 그것보다 열등한 것들을 받아들이지 않았습니까? 안경을 쓰면 하나님께서 화를 내시냐고요? 아닙니다! 다만 그것은 하나님의 최선을 믿지 않는 것이란 말씀입니다. 차선, 차차선, 차차차선을 받아들이면서 그렇게 사는 삶에 안주하고 있는 것입니다. 모자라는 삶에 만족한다면 앞으로도 계속 그렇게 될 것입니다.

하나님의 눈은 지금도 온 땅을 두루 살피고 있습니다(대하 16:9). 하나님의 최선, 신성한 건강을 놓고 하나님을 신뢰할 사람을 찾고 계십니다. 당신이 바로 그 사람이 되십시오! 하나님의 최선을 믿기로 결정하고 하나님의 최선을 당신의 기준으로 삼으십시오. 그렇게 결단하고자 한다면 같이 기도합시다. "하나님, 더 찾으실 필요 없습니다. 제가 주님의 최선을 원합니다. 저는 차선을 원치 않습니다. 그럭저럭 살고 싶지 않습니다. 주님, 저는 번성하길 원합니다!" 별을 맞추겠다는 목표를 세웠는데 빗나가 달을 맞췄다 해도, 아무것도 안한 사람보다는 낫습니다.

대부분의 사람들은 목표가 없고 목표가 없기 때문에 아무거나 합니다! 의사를 찾는 사람들을 비난하는 것은 아닙니다만 의사만 의존한다면 그것은 하나님의 최선이 아닙니다. 그것보다 더 좋은 것이 있습니다. 현재 하나님의 최선을 추구하지 않고 있다고 해서 정죄감을 느끼지는 마십시오. 의사로부터 받을 수 있는 혜택을 누리되 거기에 안주하지는 마십시오! 거기에 머물지 말고 하나님의 최선을 바라보십시오!

04

하나님적인 사랑

사랑에 대해서도 세상은 우리를 속여 왔습니다. 대부분의 사람들은 사랑 대신 정욕에 안주해 왔습니다.

고린도전서 13장을 보면 하나님적인 사랑은 **"오래 참고 온유하다"**고 합니다(고전 13:4). 하지만 대부분의 그리스도인들은 그것을 목표로 삼지도 않습니다. 사람들은 이렇게 말합니다. "우리집안 사람들은 원래 솔직하거든요. 있는 그대로 말해요." 또는 "나는 원래 직설적이고 성격 급한 사람입니다."라고 변명하거나, "예언의 은사가 있어서 직접적으로 말하는 거예요."라고 합니다. 오래 참지 않고 온유하지 않은 것에 대해 온갖 변명을 하는 것입니다.

그러나 그러한 변명에서도 자유케 될 수가 있습니다! 하나님적인 사랑으로 행한다면 오래 참고 온유할 수 있습니다. 비판적이거나 화를 내거나 신랄하지 않을 수 있다는 말입니다.

하나님적인 **사랑은 시기하지 않습니다**(고전 13:4). 다른 사람들을 시기하고 있습니까? 그들이 가진 것을 욕심내고 있습니까?

사랑은 **"스스로를 자랑하지 않으며 교만하지 않습니다**(고전 13:4)." 사랑은 자기중심적이거나 스스로를 광고하지 않습니다. 누군가 자기가 한 일들을 일일이 자랑하면 당신도 자랑을 해서 특별한 사람으로 보여야 한다는 강박관념이 생깁니까? 그것은 하나님적인 사랑이 아닙니다.

"내가 최고야!"

오늘날의 사회는 운동선수, 가수, 영화배우들이 잡지의 표지 모델이 됩니다. 사람들은 이들을 우러러 보며 우상화하지만 그 사람들 중에는 오만하기 짝이 없는 사람들이 많습니다. 1960년대에 "내가 최고야!"라고 외치던 권투선수가 있었습니다. 당시만 해도 그런 식으로 말하는 사람들이 아무도 없었는데 그가 자기와 비슷한 사람들에게 포문을 열어 준 것입니다. 오늘날에는 모두가 자신이 최고라고 생각합니다. 공개적으로 "내가 최고야!"라고 말하며 온갖 것을 자랑합니다. 그것은 하나님적인 사랑이 아닙니다.

우리들 중에도 이러한 생각을 받아들인 사람들이 많기 때문에 다들 자화자찬을 해댑니다. 그러나 하나님은 이렇게 말씀하십니다.

너는 내일 일을 자랑하지 말라 하루 동안에 무슨 일이 일어날는지 네가 알 수 없음이니라 타인이 너를 칭찬하게 하고 네 입으로는 하지 말며 외인이 너를 칭찬하게 하고 네 입술로는 하지 말지니라   잠언 27:1-2

하나님적인 사랑은 자기를 절제하며 올바르게 행동합니다. 하나님적인 사랑은 **"무례히 행하지 않습니다**(고전 13:5).**"** 어떤 사람이 "우린 사랑에 빠졌어요. 결혼 할 때까지 기다릴 수 없어요. 너무나 사랑하기 때문에 지금 당장 관계를 가져야 합니다."라고 한다면 그것은 하나님적인 사랑이 아니라 정욕입니다. 자신을 통제 할 수 없다는 것은 그것이 하나님적인 사랑이 아니라는 징표입니다(갈 5:22-23). 그러나 요즘 영화나 노래는 이렇게 말합니다. "나는 너를 너무 사랑해. 지금 당장 너를 가져야겠어!" 그런 것을 들을 때면 이렇게 말하지 않을 수가 없습니다. "그것은 사랑이 아닌 정욕!"

예수님이 십자가에 달리셨을 때, 그런 것이 바로 사랑입니다(롬 5:8). 사랑은 자기희생이지 자기만족이 아닙니다. 사람들을 해롭게 하고 상처를 주고 이용한다면 그것은 사랑이 아닙니다. 정욕입니다. 하나님적인 사랑은 무례하게 행하지 않습니다.

언제까지나 떨어지지 아니하되

사랑은 **"자기의 유익을 구하지 않습니다**(고전 13:5).**"** 그러나 오늘날, 대부분의 사람들은 이기적이고 자기중심적입니다. 사람들이 말하길 미국은 더 이상 공동체로서의 사회가 아니라고 합니다. 우리는 공동체의 일원이 아니라 하나의 개인이라는 주장입니다. 개인이 국가 위에 있으며 개인의 권리가 가장 중요한 세상이 되었습니다. 사람들이 좋은 관계를 유지하며 서로가 협력하던 사회는 더 이상 존재하지 않습니다. "내 권리"가 제일 중요한 세상이 되었습니다. 그것은 하나님적인 사랑이 아닙니다. 그런데 문제는 우리가 사랑을 목표로 삼은 적도 없다는 것입니다!

지금 제가 나누고 있는 내용은 대부분 처음 듣는 내용일 것입니다. 전에 들어봤다 해도 받아들이지 않았을 것입니다. '내가 나를 챙기지 않으면 누가 나를 챙겨 주겠어? 그러니 나를 먼저 생각할 수밖에.' 그러면서 왜 자신이 하나님의 최선을 누리지 못하는지 의아해합니다. 하나님을 대적하고 육신에 순복했으니까요. 반대로 해야 합니다. 하나님께는 순복하고 세상, 육신, 마귀는 대적하십시오(약 4:7).

> (사랑은) 무례히 행하지 아니하며 자기의 유익을 구하지 아니하며 성내지 아니하며 악한 것을 생각하지 아니하며 불의를 기뻐하지 아니하며 진리와 함께 기뻐하고 모든 것을 참으며 모든 것을 믿으며 모든 것을 바라며 모든 것을 견디느니라 사랑은 언제까지나 떨어지지 아니하되 예언도 폐하고 방언도 그치고 지식도 폐하리라   고린도전서 13:5-8

하나님적인 사랑은 절대 폐하지 않습니다. 그러나 사람들은 이렇게 말합니다. "내가 할 수 있는 것은 다 해 봤지만 이제 더 이상 못 견디겠어. 이 일이 해결될 것 같지가 않아. 희망을 가질 수가 없어. 더 이상은 못 참아." 이런 말은 자신이 하나님적인 사랑으로 행하지 않았다는 것을 인정할 뿐입니다. 우리를 향해 흐를 뿐 아니라 우리를 통해 흐르는 그분의 사랑은 모든 것을 참고, 모든 것을 믿고, 모든 것을 바라고, 모든 것을 견디게 합니다. 하나님의 사랑은 결코 폐하지 않습니다.

우리는 대부분 하나님적인 사랑으로 행하는 것을 목표로 삼아 본 적도 없습니다. '나도 그냥 인간인데.'라고 변명하지만 우리는 그냥 인간이 아닙니다! 우리의 삼분의 일은 성령님으로 꽉 채워져 있습니다. 지금 당장 하나님의 능력으로 사는 삶을 시작할 수 있습니다. '그냥 인간'으로 살 필요가 없습니다. 이 얼마나 멋진 일입니까!

05

죽을 때까지?

안정을 추구하면 하나님의 최선에서 멀어집니다. 어떠한 위험도 감수하지 않으려 하면서 지나치게 안정을 추구하는 사람들이 있습니다.

성문 어귀에 나병환자 네 사람이 있더니 그 친구에게 서로 말하되 우리가 어찌하여 여기 앉아서 죽기를 기다리랴 만일 우리가 성읍으로 가자고 말한다면 성읍에는 굶주림이 있으니 우리가 거기서 죽을 것이요 만일 우리가 여기서 머무르면 역시 우리가 죽을 것이라 그런즉 우리가 가서 아람 군대에게 항복하자 그들이 우리를 살려 두면 살 것이요 우리를 죽이면 죽을 것이라 하고   열왕기하 7:3-4

이스라엘이 아람 군대에게 포위되어 도성에는 기근이 심해졌습니다. 동물 배설물까지 엄청난 가격에 팔리고 심지어 자신의 자녀를 먹는 사람들도 있었습니다(왕하 6:24-29).

이때 성문에 있었던 네 명의 나병환자들이 자신들이 처한 상황에 대해 얘기하고 있었습니다. "가서 적군에게 도움을 구하자. 최악의 경우는 그들이 우릴 죽이는 것인데 여기 있어도 죽고 성읍으로 가더라도 기근으로 죽는 것은 매 한가지니 우리의 유일한 희망은 적군에게 가는 것뿐이다. 그들이 우리를 죽이면 죽는 것이고 살려 두면 사는 것이니, 그들에게 가자!"

> 아람 진으로 가려 하여 해 질 무렵에 일어나 아람 진영 끝에 이르러서 본즉 그 곳에 한 사람도 없으니 이는 주께서 아람 군대로 병거 소리와 말 소리와 큰 군대의 소리를 듣게 하셨으므로 아람 사람이 서로 말하기를 이스라엘 왕이 우리를 치려 하여 헷 사람의 왕들과 애굽 왕들에게 값을 주고 그들을 우리에게 오게 하였다 하고 해질 무렵에 일어나서 도망하되 그 장막과 말과 나귀를 버리고 진영을 그대로 두고 목숨을 위하여 도망하였음이라 그 나병환자들이 진영 끝에 이르자 한 장막에 들어가서 먹고 마시고 거기서 은과 금과 의복을 가지고 가서 감추고 다시 와서 다른 장막에 들어가 거기서도 가지고 가서 감추니라
>
> 열왕기하 7:5-8

나병환자에서 영웅으로

> 나병환자들이 그 친구에게 서로 말하되 우리가 이렇게 해서는 아니되겠도다 오늘은 아름다운 소식이 있는 날이거늘 우리가 침묵하고 있도다 만일 밝은 아침까지 기다리면 벌이 우리에게 미칠지니 이제 떠나 왕궁에 가서 알리자 하고 가서 성읍 문지기를 불러 그들에게 말하여 이르되 우리가 아람 진에 이르러서 보니 거기에 한 사람도 없고 사람의 소리도 없고 오직 말과 나귀만 매여 있고 장막들이 그대로 있더이다 하는지라 그가 문지기들을 부르매 그들이 왕궁에 있는 자에게 말하니
>
> 열왕기하 7:9-11

주님께서 아람 군대로 하여금 큰 소리를 듣게 하시자 두려움에 휩싸여 그들은 도망쳐 버립니다. 준비하던 음식 그리고 장막 안에 있던 금과 은, 고급 옷들까지 모두 두고 도망쳤습니다. 말과 당나귀 같은 동물들도 묶어 놓은 채 두고 갔습니다. 도망 가느라 너무 급해서 말을 타고 갈 생각도 못한 것입니다. 적군의 진영에서 이 나병환자들을 기다리고 있던 것은 바로 이 풍요로움 이었습니다. 아람 군인 수십만 명이 자신들의 소유물을 모두 남겨두고 도망간 것입니다.

네 명의 나병환자들은 거기서 배불리 먹고 마셨습니다. 그리

고 장막 안에 들어가 할 수 있는 한 많은 전리품들을 챙겨 숨겼습니다. 그리고 더 많은 물건을 가지러 가다가 깨달았습니다. "우리는 잘못 하고 있다. 오늘은 기뻐할 날이야. 포위된 성읍으로 가서 굶주린 사람들에게 알려주자!" 그리고 그들은 성읍으로 가서 사람들에게 알렸습니다. 이 네 명의 나병환자들은 단 몇 시간 만에 보잘 것 없는 사람에서 영웅이 되었습니다. 위험을 무릅썼기 때문입니다. 그들이 스스로에게 던진 질문이 이러한 변화를 가져 온 것입니다. "언제까지 여기 앉아 있을 건가? 죽을 때까지?"

지금 처한 상황이 만족스럽지 않으십니까? 그러나 뭔가를 시도하더라도 잘 안 될지 모른다는 두려움 때문에 아무런 시도조차 하지 않고 있습니까? 하지만 위험을 감수하지 않으면 어떤 변화도 일어나지 않습니다.

저 역시 지금 큰 위험을 감수하고 있습니다. 초반에 언급한 6천만 달러 규모의 프로젝트는 빙산의 일각에 불과합니다. 주님은 저에게 기숙사와 학생회관 등을 갖춘 바이블 칼리지 캠퍼스를 세우라고 말씀하셨습니다. 이렇게 하려면 수억 달러가 들어가는데 저에게는 그런 돈이 없습니다. 그래도 저는 위험을 감수할 것입니다. 이쯤에서 안주하면 편하겠지만 현재 세계 곳곳에 있는 캐리스 바이블 칼리지 캠퍼스에서 공부하는 학생들과 방송 통신 프로그램 및 온라인 프로그램을 통해 교육 받고 있는 학생들이 대략 6,000명이나 됩니다. 전 세계적으로 영향을 끼치고 있는 것입니다! 이 사역을 통해 우리는 여러 나라의 대통령과 영부인도 만났고 여러 가지 기적을 체험하고 있습니다. 사역의 확장에 있어서 지금까지는 경험하지 못했던 엄청난 일들이 일어나고 있습니다. 여기서 안주하고 현상유지만 해도 됐겠지만 하나님께서 더 큰 비전을 주신 것입니다.

언제까지 그 자리에 머물 것인가?

저는 지금까지 평생 동안 믿어왔던 그 어떤 것보다 더 큰 것을 향해 달려가고 있습니다! 위험부담이 큰 일입니다. 어떤 사람들은 제가 실패할 수도 있다고 합니다. 그럴 수도 있겠지요. 그러나 그런다 한들 뭐 어떻습니까? 만에 하나 제가 실패하더라도 하나님은 저를 보시며 "그래도 너는 시도했다."라고 말씀하실 거라 믿습니다.

자녀들이 자전거를 배운던 때를 기억하십니까? 시작하자마자 즉각적으로 잘 하는 아이는 없습니다. 실수도 하고 몇 번 넘어지기도 합니다. 자전거에 올라타 비틀거리다가 넘어져서 무릎이 까지기도 합니다. 그러나 아이가 넘어졌다고 해서 "이 바보야! 내가 하란대로 했어야지. 너는 제대로 하는 것이 없구나!"라고 말하는 부모가 있습니까? 어린 자녀에게 그렇게 말하는 사람은 없습니다. "우와, 10미터나 갔네. 그것 봐, 너는 할 수 있다니까! 일어나서 다시 해보자"라고 할 것입니다. 하나님도 우리에게 그렇게 하십니다.

하나님은 우리를 격려하십니다. 물론 어떤 사람들은 하나님께서 치유로 역사하실 것을 믿다가 죽기도 합니다. 그러나 그들이 주님 앞에 섰을 때, 그분은 이렇게 말씀하실 것입니다. "내 자녀답구나. 너는 나를 믿었다. 내가 너를 위해 준비한 모든 것을 받아 누리지는 못했지만 그래도 너는 그것을 믿었다!"

아무것도 시도하지 않기 때문에 실패하지도 않는 그런 사람이고 싶습니까? 그것은 누구라도 할 수 있는 일입니다. 주님을 믿지 않는 사람들조차도 그렇게 살 수 있습니다. 거기에는 믿음이 전혀 필요하지 않으니까요. 지금 저는 여러분을 정죄하는 것이 아니라 동기를 부여하는 것입니다. 언제까지 그 자리에 머물 것입니까? 죽을 때까지? 시간은 지금도 흘러가고 있습니다. 더 이상 젊은 청년이 아닌 분도 있을 것이고 인생의 절반 이상을 살아온 분도 있을 것입니다. 그동안 어떤 일을 이루셨습니까? 바꿀 수 있는 것은 어떤 것들이 있을까요? 어떤 일을 해야 미래에 변화를 가져 올까요? 그러려면 그 자리에서 일어나 뭔가를 시도해야 합니다!

같은 일을 반복하면서 다른 결과를 기대하는 것은 정신이상입니다. 상황이 지금과는 달라지길 기도하고 계십니까? 모든 것이 바뀌길 바라지만 뭔가를 바꾸는 것이 두렵습니까? 그 자리에 안주하는 것이 너무 좋아서 기회를 잡지 않으려 하기 때문입니다. 현실이 비참해도 바꾸는 것보다는 차라리 안주하는 것이 낫다고 여기는 것입니다. 광야를 통과하더라도 하나님을 따르며 약속의 땅을 향해 가기보다는 파, 마늘이나 먹으며 애굽의 노예로 살려는 것입니다(민 11:5). 거인과 싸워야 될까봐 두려워 망설이고 있습니까? 일어나서 당신의 땅을 취하십시오!

2002년 1월 31일, 주님은 저의 협소한 생각이 주님을 제한하고 있다고 말씀해 주셨습니다. 당시 2년간 기독교 방송에 저의 프로그램을 방영하고 있었고 그로인해 2000년 1월부터 2002년 1월까지 우리 사역은 2배로 증가했습니다. 저는 꽤나 잘하고 있다고 생각했지만 주님은 제가 주님을 제한하고 있다고 말씀하셨습니다. 이 부분에 대해서는 저의 책 "하나님을 제한하지 마라"에서 자세히 다뤘습니다. 중요한 것은 더 이상 하나님을 제한하지 않기로 결심했다는 것입니다. 그때 저는 평소와 다르게 생각하기 시작했는데 그것은 바로 더 크게 생각하는 것이었습니다. 벌써 14년 전 일이고 우리 사역은 그때보다 적어도 20배는 더 성장했습니다. 모든 것이 완전히 변했습니다.

저는 할 수 있는 최대한으로 사역하며 지냈는데 이제 어느 정도 일이 안정되어 돌아간다 싶으면 하나님께서는 저에게 더 큰 비전을 주셨고 그러면 저는 제가 "최대한"이라고 생각했던 것을 더 확장해야 했습니다. 오, 주여!

다 쓰고 갑시다

그것 때문에 때때로 저희 직원들이나 가족들과 어려움을 겪습니다. 어느 날 아내와 함께 어떤 교회에서 예배를 드리고 있었는데 목사님 말씀이 용기를 갖고 하나님을 더욱 신뢰하라는 내용이었습니다. "비전을 더 키워야 할 것 같은 분이 계시다면 일어나십시오. 제가 기도해 드리겠습니다." 그러자 제 아내가 제 무릎에 손을 올리며 말했습니다. "일어나지 마세요! 지금 가진 비전도 충분히 커요." 이렇게 사는 것이 어떤 이들에게는 두려운 일이지만 저는 이러한 삶이 좋습니다!

저는 제가 죽는 순간 쓰지 않고 남은 것이 없었으면 좋겠습니다. 하나님 나라를 위해 제가 가진 모든 것을 다 드리고 싶습니다. 다 쓰고 가고 싶습니다. 주님 앞에 섰을 때 "두려움 때문에 내가 네게 명한 것을 하지 않았구나."라는 말은 듣고 싶지 않습니다. 아무것도 시도하지 않아서 실패를 피하기보다는 차라리 완전히 망하는 일이 있더라도 하나님을 신뢰하여 위험을 감수하고 싶습니다.

이것이 여러분에게도 경종이 되길 바랍니다. 하나님의 최선을 받으려면 주님의 눈이 지금 당신의 마음을 살피고 계심을 알아야 합니다. 마음이 주님께 온전히 헌신되어 있습니까, 아니면 다들 그렇듯이 현실을 받아들이며 살고 있습니까? 더 높은 목표를 향해 달려가십니까, 아니면 흘러가는 대로 살고 있습니까? 두려움과 협소한 사고방식으로 당신의 삶을 향한 하나님의 계획을 제한하고 있습니까? 그동안 하나님의 최선을 목표로 삼지 않았습니까?

하나님의 최선을 받기 위한 첫 번째 단계는 하나님의 최선보다 못한 것으로 만족하는 삶을 청산하는 것입니다. 기준을 높여야 합니다. "하나님, 저는 너무 형편없는 자입니다. 믿음으로 나가지 못했습니다."라면서 죄책감과 정죄감 때문에 변하려는 것 말고요. 주님은 우리를 있는 그대로의 모습으로 사랑하시지만 우리를 너무나 사랑하시기에 우리가 있는 그대로의 모습에 머무르기를 원치 않으십니다. 그분은 우리를 더 높은 수준으로 끌어 올려 주기 원하십니다. 하나님은 우리가 그분의 최선을 바라보길 원하시지만 그것은 저절로 되지 않습니다. 하나님의 최선을 목표로 삼고 그것을 향해 달려가야 합니다.

마치 그 나병 환자들처럼, "언제까지 여기 머물러 있을 것인가? 내가 죽을 때까지?"라고 자문해보십시오. 저절로 어떻게 되기만을 바라지 말고 믿음의 발걸음을 내디디십시오! 자기 자신을 스스로 독려하지 않으면 또 다시 바닥으로 가라앉게 되어 있습니다.

더 큰 것을 바라보라

제가 나누는 내용이 듣기 좋은 소리가 아니라는 걸 저도 압니다. 이 책을 처음 펼쳤을 때, 이런 내용을 읽을 거라고 생각하지 않았을 수도 있습니다. 이런 내용이 듣기 싫을 수도 있습니다. 하지만 저는 하나님께서 당신에게 보여주신 것을 향해 믿음의 발걸음을 내디딜 수 있도록 당신을 독려하는 중입니다. 그것이 옳은 일이니까요.

하나님의 최선을 받아 누리는 방법을 배우려면 먼저 기대치를 높여야합니다. 더 높은 목표를 가지고서 더 나은 것을 추구해야 합니다. 그렇게 살아오지 못했다는 생각에 정죄감을 느낄 필요는 없습니다. 그러나 거기 머무르지는 마십시오. 대신 이렇게 기도하세요. "하나님, 저는 당신의 최선을 원합니다. 저에게 가지신 당신의 계획을 모두 이루고 싶습니다!" 우리가 섬기는 하나님은 크신 하나님이십니다! 그분은 **크게** 생각하십니다. 지금까지 하나님께서 각 사람에게 예비하신 모든 것을 다 이룬 사람은 한사람도 없습니다. 지금까지 얼마나 많이 달려왔는지, 얼마나 큰 믿음을 보여 왔는지, 얼마나 많이 받아 누렸는지는 중요하지 않습니다. 하나님께서 계획하신 것은 더 많습니다! 그분은 크신 분입니다! 초자연적인 하나님이십니다!

현재 당신의 삶이 초자연적이지 않다면 너무나 얄팍한 삶을 살고 있는 것입니다. 누군가 당신에게 "어떻게 그런 일을 할 수 있었죠?"라고 질문할 때 그것을 설명 할 수 있다면 아직 하나님의 계획에 들어서지 못한 것입니다. 또한 자신이 이룬 일에 자부심을 느끼고 있다면 그것 역시 하나님의 능력 안으로 들어오지 못한 것입니다. 주님은 우리가 우리의 능력으로 할 수 없는 일로 우리를 이끄시는 분입니다. 하나님은 우리의 힘으로는 불가능한 일을 하도록 우리를 불러서 그분만을 의지하게 하십니다. 그러면 우리는 이렇게 답하게 됩니다. "제가 아니라 주님이 하셨습니다. 이것을 가능하게 한 것은 하나님의 축복 외에는 없습니다."

대부분의 그리스도인들은 자신의 한계를 넘어서려 하지 않습니다. 더 큰 것을 추구하지 않습니다. 조그만 고비 하나 극복하면 편안하게 TV나 보면서 쉬려고 합니다. 고작 하던 일을 계속 하는 것이 다입니다. 그러나 다시 말씀드리고 싶은 것은 우리 삶에는 그런 것보다는 더 위대한 것들이 준비되어 있다는 것입니다. 우리는 나 자신보다 더 위대한 것을 위해 살아야 합니다. 목숨을 바쳐도 아깝지 않은 가치 있는 일을 위해 살아야 합니다. 아침에 일어날 때는 기대로 가득해야 합니다. 우리에게는 평생 동안 우리가 이룰 수 있는 일 보다 더 많은 할 일이 있습니다. 매일매일 믿음으로 한 걸음 더 내딛느라 바빠서 매일이 즐거워야 합니다.

저의 삶은 롤러코스터에서 안전 바를 꼭 붙들고 있는 것과 같습니다. 제가 통제하려 하지 않습니다. 하나님께서 뭔가를 명하시면 저는 대답할 뿐입니다. "네, 시작합니다!" 이 얼마나 신나는 일입니까!

당신의 삶이 왜 무료한지 생각해 보신 적 있으십니까? 하나님은 더 큰 일로 당신을 부르셨기 때문에 지금 하는 일에 만족을 주실 수가 없습니다. 기쁨과 평안도 마찬가지고요. 하나님께서 바라시는 것은 우리가 비전을 더 키우고 고개를 높이 드는 것입니다. 이제, 더 큰 일을 바라볼 준비가 되셨습니까?

06

이미 축복받았다

> 우리 주 예수 그리스도의 아버지 되시는 하나님께 찬양을 드립니다. 하나님께서는 하늘에 있는 모든 영적인 복을 그리스도 안에서 우리에게 내려주셨습니다.
>
> 에베소서 1:3, 쉬운성경

이 구절에 사용된 용어를 보십시오. **"모든 영적인 복을 그리스도 안에서 우리에게 내려주셨습니다**(과거형).**"** 이것은 이미 완성된 것입니다. 하나님은 이미 당신을 축복하셨습니다. 앞으로 필요할 것까지 모두 **은혜**로 공급해 놓으셨습니다. 이것은 인생을 변화시킬만한 진리입니다. 더 자세한 내용은 저의 책 "당신은 이미 가졌습니다!"와 "은혜와 믿음의 균형 안에 사는 삶"에서 더 자세히 다뤘으니 참고하시면 좋겠습니다.

우리에게 치유가 필요한 경우에도 하나님이 치유해 주실

필요가 없습니다. 주님은 우리에게 치유가 필요할 것을 아셨고 그것을 이미 공급해 놓으셨기 때문에 하나님께 치유해 달라고 기도할 필요가 없습니다. 그 대신 이미 공급되어 있는 치유를 어떻게 받는지를 배우면 됩니다. 엄청난 차이지요!

'차이가 뭐지?'라며 의아할 수도 있는데 여기에는 엄청난 차이가 있습니다. 하나님께서 아직 하지 않으신 일을 하시도록 만들려는 데에는 이미 의심의 요소가 들어 있습니다. 하나님께서 기도를 들어 주실지, 않으실지 모르기 때문입니다. 그러나 하나님께서 이미 완성해 놓으셨다면 그 일을 어떻게 의심할 수 있겠습니까? 하나님께서 은혜로 이미 공급하셨다면 (물론 그리스도 안에서 이미 공급하셨습니다.) 우리가 할 일은 그것을 믿음으로 받아들이는 것뿐입니다.

어떤 사람들은 "하나님께서 치유해 주실 것을 믿습니다."라고 하는데 듣기에는 좋지만 사실상 그것은 불신입니다. 성경말씀은 **"그가 채찍에 맞음으로 너희는 나음을 얻었나니**(벧전 2:24)"라고 합니다. 이 구절에 따르면, 치유 받는 것은 미래에 일어날 일이 아닙니다. 이 말씀은 과거형으로 **나음을 얻었나니**입니다. 예수님은 우리가 맞아야 할 채찍을 대신 맞으셨습니다. 하나님은 우리에게 필요한 치유를 2천 년 전에 이미 공급하신 것입니다. 하나님께서 우리를 치유하신 시점은 그 때입니다. 그래서 이 구절은 **너희가 나음을 얻었나니**라고 하는 것입니다.

우리에게 필요한 것은 하나님이 우리를 치유하시는 것이 아니라 이미 공급되어진 것을 받는 방법을 배우는 것입니다.

"하실 일"이 아니라 "이미 하신 일"

우리에게 없는 것을 얻어내는 것보다 이미 가진 것을 풀어내는 것이 훨씬 쉽습니다. 이것은 생각하는 방식의 엄청난 전환입니다! 우리는 지금 하나님의 최선을 어떻게 받는지 그 방법을 들여다보고 있습니다. 하나님의 최선을 얻어내기 위해 그분을 설득하는 방법이 아닙니다. 하나님은 그 일을 그리스도 안에서 이미 하셨기 때문입니다!

사도바울이 어떻게 기도했는지 보십시오.

> 이로 말미암아 주 예수 안에서 너희 믿음과 모든 성도를 향한 사랑을 나도 듣고 내가 기도할 때에 기억하며 너희로 말미암아 감사하기를 그치지 아니하고 우리 주 예수 그리스도의 하나님, 영광의 아버지께서 지혜와 계시의 영을 너희에게 주사 하나님을 알게 하시고   에베소서 1:15-17

바울은 "하나님, 일하여 주시옵소서!"라고 기도하지 않았습니다. 저는 거의 50년간 여러 곳을 다니며 사역하였고 수많은 교회를 방문하다보니 사람들이 하나님께 반복해서 같은 것을 기도하며 애걸하는 것을 많이 봐 왔습니다. "하나님, 일하여 주시옵소서. 주여, 당신의 능력을 부어 주시옵소서!"

만약 지금으로부터 2천 년 후의 성도들을 위해 기도를 기록하게 된다면, 어떻게 하시겠습니까? 어떤 기도를 기록해 놓겠습니까? 추측하자면 이런 내용이지 않을까 싶습니다. "하나님, 부흥을 주시옵소서. 사람들의 마음에 역사하여 주시옵소서. 당신의 영을 부어 주시옵소서!" 또는 "주여, 새로운 일을 시작하여 주시옵소서. 전능하신 손을 펼치사 새로운 일을 행하시옵소서!"

그런데 바울의 기도가 바로 2천 년 전에 기록된 것입니다. 성령께서 바울에게 어떻게 기도하도록 영감을 주셨는지 봅시다. "하나님, 그들의 눈을 여시사 당신이 이미 하신 일을 보게 하소서." 세상에! 이것은 현재 대부분의 그리스도인들이 기도하는 방법과는 완전히 다릅니다. 대부분의 그리스도인들은 하나님께서는 그렇게 **하실 능력이 있다**고 믿지만 **이미 하신 것**은 아무것도 없다고 생각합니다. 하나님을 일하시게 하는 것은 우리의 기도, 간구, 간절함에 모두 달려있다고 생각합니다. 우리가 모든 것을 제대로 한다면 하나님이 움직이지 않으실까 생각하는 것입니다.

하나님께서 이미 대비해 놓으셨다

하나님은 우리 개개인이 그리고 모든 인류가 겪을 모든 문제에 대해 대비해 놓으셨습니다. 그리스도의 죽으심과 장사됨 그리고 부활을 통해 그분은 과거, 현재, 미래에 일어날 모든 문제를 해결하셨습니다. 주님은 이제 아버지의 오른편에 앉아 계십니다. 예수님은 현재, 사람들을 치유하거나 구원하고 계시지 않으십니다. 이미 하셨으니까요. 예수님의 권능은 이미 풀어졌습니다. 이제 우리가 해야 할 일은 하나님이 "하실 일"이 아니라 "이미 하신 일"을 믿음으로 받아들이는 것입니다. 보통 집회 때 제가 이러한 진리를 나누면 성도들 반 이상은 멍하니 저만 쳐다봅니다. 아마 여러분도 이 부분을 기도하는 마음으로 천천히 반복해서 읽어야 할지 모르겠습니다. 성령님, 사랑하는 독자들에게 이 진리를 깨달을 수 있도록 지혜와 계시의 영을 주소서.

> 너희 마음의 눈을 밝히사 그의 부르심의 소망이 무엇이며
> 성도 안에서 그 기업의 영광의 풍성함이 무엇이며
> 에베소서 1:18

바울은 '너희의 부르심'이 아니라 '그의 부르심'이라고 했습니다. 예수님께서 부르심을 받아 모든 것을 공급해 놓으셨

습니다. 십자가에서 모든 것의 값을 치르셨고 이제 하나님의 호의favor가 예수님께 있습니다. 우리는 예수님께서 완성하신 일의 유익을 누리고 있는 것입니다. 거듭난 성도로서 우리는 우리가 하는 일이 아니라 예수님께서 하신 일로 인해 하나님의 호의를 입습니다. 우리 삶에 임한 그분의 부르심, 그분의 기름부으심, 그분의 능력, 그분의 축복 때문입니다.

바울은 우리 마음의 눈을 밝히사 **"그의 부르심의 소망이 무엇이며 성도 안에서 그 기업의 영광의 풍성함이 무엇**(엡 1:18)" 인지 알게 해 달라고 기도했습니다. 하나님의 영광은 천국 어딘가에 있는 것이 아닙니다. 우리는 종종 "천국은 얼마나 좋을까!"라고 하지만 우리 안에 이미 가진 것을 다시 제공하려면 천국도 파산할 수 있다는 것을 아십니까? 주님의 기업의 영광의 풍성함이 우리 안에 있습니다! 하나님의 영광이 우리 안에 있습니다!

요요 현상

어떤 사람들은 하나님의 영광을 눈으로 보기 원합니다. 그러지 말고 자신의 안을 들여다보십시오! 볼 수 없는 이유는 믿음으로 행하지 않고 보이는 것으로 행하기 때문입니다(고후 5:7). 우리가 하나님의 영광을 가졌다는 것이 진리입니다.

우리는 다음과 같은 이유로 이미 부르심을 받았습니다. "**너희를 부르사 우리 주 예수 그리스도의 영광을 얻게 하려 하심이니라**(살후 2:14)" 이것은 천국에서 일어날 일이 아닙니다. 천국에서는 주님의 영광을 반영할 몸을 얻게 되지만 지금 이 순간에 하나님의 영광이 우리 안에 존재하고 있습니다. 그래서 바울은 우리의 눈을 열어 우리가 이미 가진 것을 보게 해 달라고 기도한 것입니다(엡 1:18)!

> 그의 힘의 위력으로 역사하심을 따라 믿는 우리에게 베푸신 능력의 지극히 크심이 어떠한 것을 너희로 알게 하시기를 구하노라 그의 능력이 그리스도 안에서 역사하사 죽은 자들 가운데서 다시 살리시고 하늘에서 자기의 오른편에 앉히사 모든 통치와 권세와 능력과 주권과 이 세상뿐 아니라 오는 세상에 일컫는 모든 이름 위에 뛰어나게 하시고 또 만물을 그의 발 아래에 복종하게 하시고 그를 만물 위에 교회의 머리로 삼으셨느니라 교회는 그의 몸이니 만물 안에서 만물을 충만하게 하시는 이의 충만함이니라　　　　에베소서 1:19-23

바울은 "믿는 우리에게 베푸신" 능력의 지극히 크심이 어떠한지 우리가 알게 해 달라고 기도했습니다. 이 능력은 그리스도를 죽은 자 가운데서 살리신 바로 그 능력입니다(20절). 예수님을 죽은 자 가운데서 살리신 그 능력은 감기보다 위대하고 바이러스보다도 위대하며 재정과 결혼생활의 문제, 그리고 감정의 문제보다 위대합니다. 하나님이 더 크십니다! 그런데도 불구하고 대부분의 그리스도인들은 하나님께 능력이 있다는 것은 믿지만 그 능력으로 무엇을 이미 이루어 놓으셨는지는 모릅니다. 그렇기 때문에 하나님께 애걸해서 하나님으로 하여금 그 능력을 풀어놓으시게 만들어야 한다고 생각하는 것입니다. 그러나 에베소서 1장 19-20절을 보십시오. 예수 그리스도를 죽은 자 가운데서 살리신 그 능력이 우리 안에 이미 존재하고 있다고 분명하게 말합니다.

우리가 이런 수준 이하의 삶을 받아들이고 있는 유일한 이유는 하나님께서 이미 그 일을 완성하셨다는 것을 믿지 않기 때문입니다. 무슨 이유 때문인지, 하나님의 영광과 축복은 모두 천국에 준비 되어 있다고 생각하면서 이생에서는 견디고 애쓰면서 살아야 한다고 여깁니다. 요요처럼 질병과 가난 사이를 왔다 갔다 해야 한다고 생각하는 것입니다. 종교적인 사람들이 가르치는 것은 하나님께서 우리를 산꼭대기에 잠깐 올려놓으실지 모르지만 우리가 성장하는 곳은 골짜기라는 것입니다. 그들은 우리가 '올라갔다 떨어졌다'를 수없이 반복해야 한다고 생각합니다.

한결같은 삶

그런데 세례 요한은 이사야의 예언을 인용하면서 "**모든 골짜기가 메워지고 모든 산과 작은 산이 낮아지고 굽은 것이 곧아지고 험한 길이 평탄하여질 것이요**(눅 3:5, 사 40:4)"라고 했습니다. 이 말은 우리의 삶이 점점 더 평탄해 질 것이라는 뜻입니다. 그렇기 때문에 우리는 한결같아야 합니다.

사람들이 저를 강사로 소개할 때 가장 많이 하는 말이 이것입니다. "워맥 목사님은 TV에서 보는 거랑 똑같습니다." 저는 속으로 '도대체 무슨 소개가 이런가?'라고 생각했기에 그 말이 무슨 뜻인지 몇몇 사람에게 물어봤더니 그 말의 뜻은 많은 사역자들이 사람들 앞에서는 승리를 말하지만 사적인 자리에서는 다르답니다. 그래서는 안 됩니다! 청중 앞에 섰을 때와 아닐 때, 다른 사람이 되서는 안 됩니다. 원래는 조용한 사람인데 강단에 설 때만 갑자기 열정적으로 변한다면 당신은 위선자입니다.

실제로 성격이 그런 경우라면 감정표현을 극적으로 하는 것이 잘못된 것은 아닙니다. 저와는 다른 성격이라 보다 더 기운이 넘치고 표현을 많이 하는 편일 수 있습니다. 그것도 좋습니다. 그리스도의 몸에는 다양성이 필요하니까요. 그러나 평상시엔 온유한 성격이다가 강대상에 설 때만 열정적으로 바뀐다면 그것은 위선이며 종교적인 것입니다.

우리는 이랬다저랬다 해서는 안 됩니다. 일관성이 필요합니다. 우리가 예수님과 동행하고 있다면 우리는 항상 동일해야 합니다. 예수 그리스도는 어제나 오늘이나 영원토록 동일하시기 때문입니다(히 13:8). 어떨 때는 업up되고 다른 때는 다운down된다면 그것은 어떨 때는 예수님을 의지하다가 다른 때는 육신으로 행하기 때문입니다. 그러나 우리의 삶은 초자연적으로 자연스러워야 합니다. 그리스도를 죽은 자 가운데서 살리신 능력이 항상 우리 안에 있기 때문입니다(엡 1:19-20). 그 능력은 절대 오르락내리락 하지 않으니까요.

당신이 모르는 것

우리는 그리스도 안에 있는 나의 정체성과 그리스도 안에서 내가 무엇을 소유했는지 알아야 합니다. 대부분의 그리스도인들은 예수님을 죽은 자 가운데서 살리신 능력을 소유한 사람처럼 살지 않습니다. 그것이 느껴지지 않기 때문입니다. 거울을 봐도 예수님을 죽은 자 가운데서 살리신 능력을 소유한 사람처럼 보이지 않습니다. 전율이 느껴지지도 않습니다. 아무것도 느껴지지 않습니다. 느껴지지 않으니까 하나님께서 완성하신 일이 없다고 믿는 것입니다.

그러나 바울은 우리가 이미 가진 것을 볼 수 있게 우리의 눈이 열리게 해 달라고 기도했습니다. 죽은 자 가운데서 그리스도를 살리신 바로 그 능력이 이미 우리 안에 있음을 보게 해 달라고 기도했습니다. 그 능력을 갖기 위해 기도하는 것이 아닙니다. 이미 가졌습니다(엡 1:19-20)!

하나님은 그분의 최선으로 우리를 축복하기 원하십니다. 그리스도 안에서 하나님은 우리가 필요한 모든 것을 공급하셨습니다. 우리가 그 안에서 행할지 말지는 하나님께 달린 것이 아닙니다. 우리에게 달렸습니다. 그런데 우리는 하나님의 최선이 아닌 것에 안주해 있습니다. 우리가 영적으로 어떤 자들인지 모르고 그리스도 안에 있는 정체성을 알지 못합니다. 우린 그냥 인간이 아닙니다. 삼분의 일은 성령님으로 채워져 있습니다. 그렇다면 하나님을 모르는 사람들에 비해서 뭔가 다른 것을 기대해야 하지 않겠습니까?

보통의 그리스도인들은 믿지 않는 사람들이 가진 것과 같은 두려움, 같은 재정문제, 같은 고민을 합니다. 경제 위기가 시작되기 전부터, 문제가 직접적으로 나타나기 전부터 많은 그리스도인들이 재정 상태가 나빠질 것을 예비했습니다. 문제가 생길 것을 예상하여 그것에 대해 준비한 것입니다. 하나님을 모르고 하나님과의 언약을 갖지 못한 사람들과 똑같이 행동했습니다. 하나님의 말씀은 "**나의 하나님이 그리스도 예수 안에서 영광**

가운데 그 풍성한 대로 너희 모든 쓸 것을 채우시리라**(빌 4:19)"라고 하시는데도 말입니다. 이래서는 안 됩니다. 저는 여러분을 정죄하려는 것이 아닙니다. 여러분의 눈이 열려서 더 많은 것을 믿을 수 있도록 도우려는 것입니다.

하나님을 모르는 사람들과 똑같은 두려움을 갖고 계십니까? 사람들이 "독감 시즌"이라고 하면 두려워하십니까? 그렇다면 뭔가 잘못된 것입니다. 당신은 산 자고 그들은 (영적으로) 죽은 자들입니다. 그리스도를 죽은 자 가운데서 살리신 바로 그 능력이 당신 안에 있는데도 불구하고(엡 1:19-20) 많은 부분에서 주님을 모르는 사람들과 똑같은 모습으로 살고 있지는 않습니까? 그것은 잘못된 것입니다. 하나님께서 아직 주지 않으신 게 아니라 자신이 가진 것이 무엇인지 그것을 모르는 것입니다.

의심대신 찬양!

우리는 가만히 앉아서 하나님께서 이미 이루어 놓으신 일임에도 불구하고 그것을 해달라고 애걸하고 있습니다. 하나님께서 여기에 어떻게 반응하셔야 되겠습니까? 만일 제가 저의 성경책을 이미 당신에게 줬고 지금 그것은 당신의 무릎 위에 있다고 가정해 봅시다. 그런데 당신이 저에게 "워맥 목사님,

목사님 성경책 좀 주시겠어요? 제가 좀 보려고요"라고 한다면 제가 뭐라고 답해야 하겠습니까? 누군가 당신에게 당신이 이미 한 일을 하라고 요구한다면, 당신은 어떻게 반응하겠습니까? 저는 이미 성경책을 건넸고 그것은 당신의 무릎에 있습니다. 저는 아마도 이렇게 반응할 것입니다. '아니, 왜 그러세요? 당신이 이미 가지고 있으면서 그것을 왜 나한테 달라고 하는 거예요?' 우리가 기도할 때도 이런 비슷한 이런 반응이 오지 않겠습니까?

우리가 "하나님, 치유해 주시옵소서."라고 기도할 때, 만약에 하나님이 당황해 하시는 것이 가능하다면 당황해 하실 것이라 생각합니다. 저는 이런 상상도 해 봅니다. 하나님께서 예수님을 보시며 "네가 채찍에 맞아 저들이 나음을 입었다는 것(벧전 2:24)을 말해 주지 않았느냐? 왜 저들이 나한테 치유해 달라고 기도하는 것이냐? 저들에게 하늘에 속한 모든 신령한 복을 주었고(엡 1:3) 네가 가난하게 되어 저들을 부요하게 했다는 것(고후 8:9)을 말해주지 않았느냐? 저들이 속한 국가가 어떤 경제사정에 처하든 나의 풍성함을 따라 영광 안에서 그들의 모든 필요를 공급할 것(빌 4:19)을 말해 주지 않았느냐? 경제 침체가 온다면서 저들이 패닉에 빠지는 것은 무슨 일이냐? 왜 저렇게 두려워하면서 걱정하고 염려하는 것이냐?" 우리가 이렇게 하는 이유는 하나님께서 이미 이루신 것을 믿지 않기 때문입니다. '하나님께서 주실 것인가'가 문제라고 생각하지 '우리가 받아들일 것인가'가 문제라는 생각을 하지 않기 때문입니다. 비유로 설명하자면 문제는 우리의 수신기이지 하나님의 송신기에는 아무 문제가 없습니다!

 TV를 보는데 갑자기 화면이 꺼진다면 대부분 먼저 전원이 잘 꽂혀있나 확인합니다. 그 다음에는 TV에 무슨 문제가 있나 확인해 볼 것입니다. 처음부터 방송국에 전화해서 "왜 방송을 중단했어요?"라고 하지는 않을 것입니다. 그런데 우리는 하나님께 그렇게 하고 있습니다. 기도했는데 바로 응답이 오지 않으면 '주님, 왜 기도를 안 들어 주세요?'라고 합니다. 하나님께서 안 주시는 것이 절대 아닙니다. 우리가 받는 일을 중단한 것입니다. 우리의 수신기에 문제가 생긴 것이지 하나님의 송신기는 문제가 없습니다. 하나님은 이미 모든 영적인 복들을 우리에게 주셨습니다(엡 1:3). 하나님께서 이미 우리에게 전파를 보내셨으니 우리는 수신기를 잘 맞추어 "주님, 당신이 이미 이루신 일을 알아 깨달을 수 있도록 도와주소서!"라고 기도하면 됩니다.

 우리가 싸워야 할 영적 전쟁의 90%는 '하나님은 하실 일을 이미 다 하셨다는 것을 믿는 것'입니다. 그 다음에 우리가 할 일도 있습니다. 하나님을 의심하던 것을 멈추고 믿기만 해야 합니다. "하나님께서 이미 이루셨음을 압니다. 제가 기도응답을 보지 못하더라도 그것은 주님의 잘못이 아닙니다. 주님은 이미 공급하셨습니다. 주님. 감사합니다!" 그리고 믿음으로 하나님을 찬양하십시오. "왜 안 되고 있는지는 모르지만 문제는 주님이 아니심을 저는 압니다. 저는 주님의 신실하심을 찬양하기 원합니다. 제 몸은 아프고 의사는 제가 곧 죽는다고 하지만 이것은 주님의 잘못이 아닙니다. 이것은 주님이 하신 일이 아닙니다. 당신은 좋으신 하나님이시기에 감사를 드립니다." 이렇게 주님을 찬양하고 감사를 드리면 두려움, 걱정, 불평, 불만에서 벗어나게 될 것입니다. 하나님을 의심하면서 불평불만 하는 대신 하나님을 찬양하십시오. 저는 하나님께서 이미 하신 일을 열정적으로 감사하고 찬양하는 가운데 치유 받는 사람들을 많이 봐왔습니다. 당신도 그렇게 하십시오!

07

육신

우리는 종종 '기도해도 안 되네'라고 생각합니다. 그런데 요한복음 4장 24절은 이렇게 말합니다. **"하나님은 영이시니 예배하는 자가 영과 진리로 예배할지니라"** 하나님은 기도응답이 물리적인 세계에 나타나기 전에 영적인 영역에서 먼저 움직이십니다. 기도는 하나의 과정입니다. 하나님께서 움직이시고 명령하신 이후에 또 하나의 과정이 있습니다. 일어나야 할 일이 있고 때때로 시간이 걸리기도 합니다.

다니엘 9장에서 하나님이 말씀하시고 나서 응답(가브리엘)이 오는데 까지 읽어보면 3분도 안 걸립니다(단 9:20-23). 그런데 10장에서는 하나님이 응답하시고 다니엘이 응답을 받기까지 3주가 걸렸습니다(단 10:12-14). 이 두 경우, 변수는 하나님이 아닙니다. 두 번째는 마귀가 하나님의 능력을 가로막아서 하나님께서 이미 명령하신 것이 이루어지는데 3주가 걸렸던 것입니다.

우리가 기도하고 나서 "아멘" 한 뒤에 응답이 나타나기까지 시간이 걸릴 때가 있습니다. 그러나 그것은 하나님의 잘못이 아닙니다. 마귀가 역사하고 있거나 우리의 의심이 응답을 지연시킬 수도 있고 때로는 다른 사람들이 기도응답에 포함되어 있기 때문에 그들이 준비되어야 하는 경우도 있습니다. 어떤 경우에는 기도응답이 오기까지 단순히 물리적인 시간이 걸릴 수도 있습니다.

사역은 전자레인지 돌리듯 할 수 없습니다. "워맥 목사님은 하나님을 믿고 일이 잘 되네. 예수 이름으로 나에게도 그렇게 될 지어다!"라고 한다고 되는 것은 아닙니다. 제가 지난 47년간 주님과 동행했던 것까지 똑같이 하지는 않았을 것 아닙니까. 마가복음 4장 28절은 이렇게 말합니다.

땅이 스스로 열매를 맺되 처음에는 싹이요 다음에는 이삭이요 그 다음에는 이삭에 충실한 곡식이라

주님의 일에는 성장의 과정이란 것이 있습니다. 성장하고 결과가 나올 때까지 시간이 걸립니다. 어떤 사람들은 이런 사실을 무시합니다. 기도하자마자 바로 응답이 없으면 하나님께서 그들의 기도에 응답하지 않으셨다고 생각하고 불신 가운데 들어가 버립니다.

받은 줄로 믿으라

우리는 마가복음 11장 24절과 같은 단계에 이르러야 합니다.

그러므로 내가 너희에게 말하노니 무엇이든지 기도하고 구하는 것은 받은 줄로 믿으라 그리하면 너희에게 그대로 되리라

기도하는 그때 받은 것을 믿어야 합니다. 그래야만 그대로 될 것입니다(미래시제). 그런데 이것을 주의해서 잘 보십시오. 받은 시점은 **기도할 때**라는 것을 믿어야 합니다. 보이지도, 느껴지지도 않고 만질 수도 없는데 어떻게 받은 줄로 믿습니까? 예를 들어 몸에 통증이 있다고 해 봅시다. "하나님, 기도하니 치유 받은 줄 믿습니다."라고 기도하고 "아멘"까지 했는데도 여전히 통증이 느껴집니다. 그때 대부분의 사람들은 '하나님은 아무 일도 안 하셨네.'라고 생각합니다. 그것은 원리를 모르는 데서 오는 결과입니다. 하나님은 영이십니다. 그래서 영적인 영역에서 일하십니다. 영적인 영역에서는 이미 여러 가지 일이 일어나고 있지만 그 사람의 몸에 그 결과가 나타날 때까지는 시간이 걸리기도 합니다.

예수님께서 무화과나무를 저주하시면서 이렇게 말씀하셨습니다. "이제부터 영원토록 사람이 네게서 열매를 따 먹지

못하리라(막 11:14)" 그런데 누군가가 예수님의 말씀이 끝나자마자 무화과나무를 확인해 보았다면 아직 아무 일도 일어나지 않은 것처럼 보였을 것입니다. 그러나 다음날 예수님과 제자들이 예루살렘으로 가실 때 제자들은 **"무화과나무가 뿌리째 마른 것**(막 11:20)"을 보았습니다. 뿌리는 땅 아래쪽에 있었기 때문에 보이지 않습니다. 주님께서 말씀하신 것이 물리적인 영역에 나타나기 까지 24시간이라는 시간이 걸렸던 것뿐이지 예수님은 완벽하게 하나님의 능력으로 행하고 계셨던 것입니다! 예수님께는 한계가 없었고 문제될 것도 없었습니다. 마태복음은 이 사건에 대해 무화과나무가 곧 말랐다고 기록했지만(마 21:19) 마가복음의 상세한 기록을 보면 다음날까지 결과는 눈에 보이지 않았습니다. 변화는 즉시 일어났지만 땅속에서 일어났기에 눈에 보이지 않은 것입니다. 영적인 영역에서 일어난 일이 눈에 보이기까지 24시간이 걸린 것이지요.

만에 하나 예수님이 우리처럼 이렇게 말씀하셨다면 어떻게 됐을까요? '아니, 내가 무화과나무를 저주했는데 아직 괜찮다니. 잎사귀도 멀쩡하네?' 예수님이 이같이 불신 가운데 빠지셨다면 그것이 하나님의 능력을 막았을 것입니다. 물론 예수님은 불신에 빠지지 않으셨습니다. 예수님은 말씀을 하셨고 그 말씀이 성취된 것처럼 보이지는 않았지만 그럼에도 불구하고 예수님은 그분이 하신 말씀이 성취될 것을 아셨습니다. 눈에 보이지 않는 땅 아래에서 일어난 일이 무화과나무 잎사귀에 나타나기까지 잠깐의 시간이 걸렸을 뿐입니다.

이처럼 기도할 때, 바로 그 순간 받은 줄로 믿어야 합니다. 바로 그 순간 하나님께서 내 몸을 만지셨다는 것을 믿는 것이 받은 줄로 믿는 것입니다. 믿음으로 이렇게 선포하십시오. "예수 이름으로 나는 나았다." 여전히 통증이 있어도, 더 나아진 것 같지 않아도 먼저 믿고 이렇게 말하십시오. "나는 이미 가졌다. 이미 가졌기에 그것은 앞으로 나타날 것이다. 이것은 완성된 일이다!"

생명의 반대

대부분의 사람들은 성경이 "육신"에 속했다고 부르는 상태에 있습니다. 우리는 종종 육적인 것을 세상적인 것, 마귀적인 것, 끔찍한 것이라 생각합니다. 물론 이 단어가 일반적으로는 매우 나쁜 이미지를 가지고 있지만 실제로는 육신 또는 감각을 따른다는 뜻입니다. 문자적으로 볼 때 "육신"이라는 단어는 "육肉"에서 왔습니다. 육고기 할 때, 그 육입니다. 사전에는 "가죽을 벗기고 난 살"을 의미한다고 나옵니다. 그러니까 우리 몸으로 보자면 피부 속의 살 부분을 일컫는 것입니다.

그렇게 보면 육신적인 생각이란 오감을 따라 사는 것을 말합니다. 시각, 미각, 청각, 후각, 촉각으로만 사는 것입니다. 이렇듯 '육신적'이라고 하는 것은 꼭 세상적이거나 하나님을 싫어하는 사람들을 의미하는 것은 아닙니다. 주님을 온 맘 다해 사랑한다고 하지만 물리적인 감각을 따라 사는 사람들은 육신적인 것입니다. 자신이 볼 수 없고, 맛 볼 수 없고, 들을 수 없고, 냄새 맡을 수 없고, 느낄 수 없다면 믿지 않는 사람들, 그들이 육신에 속한 사람들입니다.

육신의 생각은 사망이요 영의 생각은 생명과 평안이니라

로마서 8:6

육신의 생각은 사망입니다. '사망으로 가고 있는 중'이 아닙니다. 사망의 주요 원인도 아닙니다. 사망을 불러오는 것도 아닙니다. 육신의 생각은 곧 사망이며 그것은 생명의 반대입니다.

당신이 정원에 무엇을 심었는지 알기 위해 당신이 씨를 심는 순간에 제가 거기에 있을 필요는 없습니다. 싹이 틀 때 보면 됩니다. 심은 그대로 싹이 나고 열매를 맺을 것이기에 그것만 보면 무엇을 심었는지 알 수 있습니다.

제가 모든 사람들을 알 수 없고 그들이 어떤 일을 해 왔는지도 알 수 없지만, 사람들이 자신의 삶에 일어나는 부정적인 일들을 전부 저에게 늘어놓으면 그들이 무엇을 **하지 않았는지**는 알 수 있습니다. 그들은 그리스도 안에 있는 자신의 정체성을 바라보지 않습니다. 자신의 권세를 취한 적이 없습니다. 그것이 이미 이루어졌다는 것을 믿지 않습니다. 절망적인 마음으로 하나님께 "역사해 주시옵소서!"라고 애걸하면서 하나님은 이미 그들에게 능력을 주셨다는 사실을 믿지 않습니다. 굳게 서서 마귀를 대적하지 않습니다!

당신이 심은 것

> 그런즉 너희는 하나님께 복종할지어다 마귀를 대적하라 그리하면 너희를 피하리라   야고보서 4:7

만약 마귀에게 지배당하며 통제당하고 있다면 그 이유는 마귀를 대적하지 않았기 때문입니다. "아니에요, 저는 마귀를 싫어하고 마귀로부터 자유했으면 좋겠어요."라고 변명할지도 모릅니다. 당신이 간구하지 않았다는 말이 아닙니다. 상황이 달라질 것을 원하지 않았다는 말도 아닙니다. 그러나 **대적하라**는 말은 적극적으로 저항하여 싸운다는 뜻입니다. 그리스도 안에 있는 권세를 취해 주님의 권능과 주님의 이름으로 사탄을

육신

대적하여 싸우지 않은 것입니다. 도움을 간구했을 수도 있겠지요. 지금도 애처롭게 도움을 원하고 있을 수 있겠지만 자신의 권세를 취하지는 않았습니다. 그런 사람들은 자신이 누구인지 모릅니다. 에베소서 1장 19-20절의 말씀을 취해 "예수 그리스도를 죽은 자 가운데서 살리신 바로 그 능력이 내 안에 있다. 나는 이 질병이 내 몸 안에 머무는 것을 허락하지 않는다!"라고 하지 않았을 것입니다.

수백 명의 사람들이 저에게 와서 자신들의 상황이 얼마나 비참한지를 얘기합니다. 저로 하여금 동정심을 느끼도록 감정에 호소하는 것인데 그것이 바로 그들이 자신의 삶에 무엇을 심어 왔는지를 보여줍니다. 만약 자신의 질병이 얼마나 심각한지만 말하고 하나님이 얼마나 놀라우시며 그 질병보다 얼마나 크신 분이신지 말하지 않는다면 그것은 자신의 인생에 무엇을 심어 왔는지 드러내는 것입니다.

사탄이 우리를 방해하고 있다면 거기에는 이유가 있습니다. 그것은 하나님께서 우리에게 그분의 최선을 주고 싶어 하지 않아서가 아닙니다. 하나님의 눈은 온 땅을 두루 감찰하시며 축복할 자를 찾고 계십니다(대하 16:9). 우리가 복 받기 원하는 것보다 하나님께서 더 복 주시기를 원하십니다. 주님은 우리에게 그분의 축복을 주시려고 하는데 우리가 하나님의 최선 이외의 것들에 안주해 버렸습니다. 우리는 하나님의 최선을 목표로 하지도 않습니다. 이미 주신 것을 달라고 애걸하고 있습니다. 육신의 생각을 가지고 감각적인 지식에 지배당하고 있습니다. 오감으로 느끼지 못하는 것들이 일어날 수 있다는 것은 믿지 않습니다.

말씀은 우리가 초자연적으로 살아야 한다고 합니다. "**이는 우리가 믿음으로 행하고 보는 것으로 행하지 아니함이로라** (고후 5:7)" 초자연적인 것이 정상적인 그리스도인의 삶입니다! 그러나 오늘날의 평균적인 그리스도인들은 보는 것으로 행하고 믿음으로 행하지 않습니다. 그런데 말씀에 따르면 거듭난 성도는 보는 것이 아니라 믿음으로 행하는 것이 정상입니다.

하나님께서 말씀하신 것이 우리의 몸이 느끼는 것보다 더 실제가 되어야 합니다. 의사의 말보다, 은행 잔고보다, 뉴스보다, 정부보다 하나님의 말씀이 우리에게 더 실제가 되어야 합니다. 하나님의 말씀이 절대적이며, 최종적 권세이며, 그것에 반대로 말하는 것은 모두 잘못됐다고 여기는 지점에 이르러야 합니다.

거꾸로 뒤집힌 세상

신앙서적을 읽고 은혜 받을 때는 하나님의 말씀이 최우선순위에 있다고 말하는 것이 쉽습니다. 하지만 직장에서 한 소리

듣거나, 옳은 일을 위해 맞설 때 비난을 듣거나, 윤리적인 것을 비난하는 소리를 듣는다면 바로 낙심합니까, 아니면 맞서서 사랑 안에서 진리를 말하겠습니까? 안타깝게도 그리스도인들은 대부분 너무 유약합니다. 우리는 굳게 서서 자신이 믿는 바를 행동으로 옮기고 하나님의 말씀을 말해야 합니다. 당황해야 하는 것은 불신자들이지 그리스도인이 아닙니다.

누군가 "진화론이 아니라 창조론을 믿는다고요?"라고 물으면 어떻게 해야 합니까? "당연하죠! 혹시 우리가 아메바에서 나왔다고 믿는 것은 아니지요? 혹시 우주가 우연히 생겼다고 믿는 것은 아니겠죠?"라고 해야 합니다. 우리가 이상하다고 느낄 일이 아니라 하나님을 믿지 않는 사람들이 이상하다고 느껴야 합니다. 시편 14장 1절과 53장 1절은 이렇게 말합니다. **"어리석은 자는 그의 마음에 이르기를 하나님이 없다 하는도다"**

누군가 "저는 무신론자에요"라고 한다면 우리는 이렇게 반응해야 합니다. "어떻게 그럴 수 있어요? 그것은 말도 안 됩니다. 어떻게 하나님의 존재를 믿지 않을 수 있습니까?" 한 러시아 우주비행사는 우주에 갔다 와서 이런 말을 했습니다. "우주에 가 봤지만 하나님은 없던데요." 세상은 이토록 어리석습니다. 완전히 엉망입니다. 우리가 이상하다고 느낄 일이 아닙니다. 세상이 이상하다고 느껴야 합니다.

오래 전에 몇몇 젊은이들과 농구를 할 기회가 있었는데 그들은 슛을 놓칠 때마다 하나님과 예수님의 이름을 욕되게 사용했습니다. 그래서 그들이 욕을 하려고 할 때마다 제가 "할렐루야! 예수님 감사합니다! 주님을 찬양합니다!"라고 선수를 쳤습니다. 그러자 그들은 저를 이상하게 쳐다봤습니다. 그리고 또 슛을 놓치고 욕을 하려고 할 때 제가 "감사합니다, 아버지. 할렐루야!"라며 하나님을 찬양했습니다. 그들은 저를 더 이상하게 쳐다봤지요. 결국 그들이 저에게 물었습니다. "도대체 뭐하는 거예요?" 제가 대답했습니다. "너희가 너희 신을 찬양하듯 난 나의 하나님을 찬양한다." 그러자 다음에 슛을 놓칠 때마다 저를 한번 쳐다보고는 "할렐루야"라고 하기 시작했습니다. 그러면 저도 다시 "할렐루야"라고 화답했지요. 그 이후 상황이 완전히 뒤바뀌었습니다. 하나님의 이름을 욕되이 부르는 것을 이상하다고 느껴야 하지 않겠습니까? 하나님을 찬양하는 것을 이상하다고 느껴서는 절대 안 되고요. 할렐루야!

들어감

하나님은 모든 일을 마무리하셨습니다. 하나님이 안 주시는 것이 아니라 우리가 받는 것을 제대로 못하고 있는 것입니다.

우리가 육신적인 것입니다. '하나님, 기도했잖아요. 그런데 아무 일도 일어나지 않는다는 것은 주님이 아무 일도 하지 않았다는 뜻 아닙니까?' 라고 생각하는 것은 정말 어리석은 것입니다.

'오감으로 느껴지지 않는 것은 나는 안 믿어!' 라고 생각한다면 그것은 본인이 그다지 똑똑하지 못하다는 뜻입니다. 지금 당신이 있는 그곳에도 라디오나 TV의 전파가 존재하지만 보이지는 않습니다. 보이지 않는다고 존재하지 않는다는 뜻은 아니지요. 전파를 수신할 수 있는 라디오나 TV의 전원을 켜기만 하면 전파가 잡힙니다. 그러나 그 전파는 전원을 켰을 때 시작된 것이 아닙니다. 이미 존재하고 있었지만 전파를 수신할 방법이 없었을 뿐입니다. 전파라는 것은 우리의 이 작은 두뇌로 인지할 수 없는 영역에 있습니다. 그 외에도 사람의 눈에 보이지 않고 느껴지지 않는 존재들은 수없이 많습니다. 자연의 영역에서도 그렇다는 것을 과학적으로 증명해 냈습니다.

영적인 영역에는 천사도 존재합니다. 거기에는 하나님도 계시고 하나님의 영광도 존재합니다. 예수그리스도를 죽은 자 가운데서 살리신 그 능력은 저 천국 어딘가에 있는 것이 아닙니다. 거듭난 모든 성도들 안에 있습니다(엡 1:19-20). 당신 안에 있습니다. 그런데 그 능력에 어떻게 접근하는 걸까요?

그로 말미암아 우리가 믿음으로 서 있는 이 은혜에 들어감을 얻었으며 하나님의 영광을 바라고 즐거워하느니라

로마서 5:2

스트롱Strong 성구사전에 따르면 헬라어 "들어감"이란 단어는 말 그대로 "입장하다"란 뜻입니다. 하나님의 은혜 안으로 입장하는 방법은 믿음을 통하는 것입니다. 믿음이란 우리가 육신의 능력으로 인식할 수 있는 것을 초월한 존재가 있다는 것을 믿는 것입니다.

초자연적인 삶

믿음은 들음에서 나며 들음은 그리스도의 말씀으로 말미암았느니라

로마서 10:17

살리는 것은 영이니 육은 무익하니라 내가 너희에게 이른 말은 영이요 생명이라

요한복음 6:63

영적인 영역에서 어떤 일이 일어나고 있는지 알고 싶다면 하나님의 말씀을 보면 됩니다. 하나님의 말씀은 영적인 세계로

향한 창문입니다. 주님께서 당신을 위해 이미 이루어 놓으신 일을 알고 싶다면 그분의 말씀을 보십시오. 예를 들어 베드로전서 2장 24절은 **"그가 채찍에 맞음으로 너희는 나음을 얻었나니"** 라고 합니다.

"그런데 하나님, 저는 그것이 느껴지지가 않아요."

하나님께서 약속하신 것을 받는데 어려움을 겪고 있다면 오감으로 느껴지는 것만 믿기 때문이며 그럴 때 당신은 육신적인 상태입니다. 그리고 육신적인 생각은 사망입니다(롬 8:6). 대신 이렇게 고백할 수 있어야 합니다. "나은 것이 느껴지지 않아도 주님의 말씀이 그렇게 말씀하시니 저는 그것을 믿습니다." 그러면 몸이 "통증이 심한데 무슨 소리야!"라고 하겠지만 그때 이렇게 대답하십시오. "내가 느끼는 것은 상관없어. 어떻게 보이든 그것도 상관하지 않아. 사람들의 말도 중요하지 않다. 하나님의 말씀이 이렇게 말씀하시니 나는 그것을 믿는다!" 당신에게 하나님의 말씀이 육신의 감각보다 더 실제가 될 때, 믿었던 그 일들이 현실이 됩니다.

그러한 단계에 이르고자 한다면 육신과 오감에게 계속 먹이를 주어서는 안 됩니다. 주님의 임재 가운데 거하는 시간이 있어야 합니다. 생각을 새롭게 하여 눈에 보이지 않는 그분과 대화하고 귀로는 들리지 않는 그분의 음성을 들으며 초자연적 영역에서 기능하는 법을 배워야 합니다. 그러나 이런 시간을 보내는 그리스도인들이 별로 없습니다. 대부분은 육신적이고, 물리적이고, 자연적인 것에 묻혀 삽니다.

하나님은 믿는 자들을 구원하시기 위해 전도의 미련한 방법을 택하셨습니다(고전 1:21). 믿음은 들음에서 나며 들음은 하나님의 말씀으로 말미암습니다(롬 10:17). 설교 말씀도 정기적으로 들어야 하지만 직접 하나님께 나아가 그분과 교제하고 그분의 말씀을 들어야 합니다. 다른 누군가를 통해서만이 아니라 전능하신 하나님께서 당신에게 직접 말씀하시는 것을 들어야 합니다. 그리고 이것은 반드시 필요한 것입니다!

믿음은 역사한다

하나님은 이미 공급하셨습니다. 우리 삶에 발생하는 문제들은 하나님 쪽에서 오는 공급이 부족해서가 아닙니다. 우리의 수신기 문제입니다. 우리가 제대로 받고 있지 못해서입니다. 우리가 하나님의 최선을 목표로 추구하지 않아서 그렇습니다. 하나님의 최선 그 이외의 것들에 안주해 왔다면 이제는 생각하는 방식을 바꿔야 합니다. 주님 앞에 나아가 회개해야 합니다. "하나님, 제가 의심했던 것을 용서해주세요. 하나님보다 오감으로 느껴지는 것들을 더 실제로 여겼던 것을 용서해주세요. 주님의 말씀보다 두려움에 더 민감하게 반응한 것을 용서해주세요."

최근에 누군가 저에게 말하기를 자기는 저주를 받았다고 했습니다. 그 저주가 그들의 가족에게로 전달 됐으며 그래서 그 모든 부정적인 일이 일어났다고 했습니다. 그래서 제가 이렇게 말했습니다. "잘 들어 보십시오. 그것은 당신이 저주를 믿었기 때문에 그 저주가 당신의 삶에 역사할 수 있었던 것입니다. 우리가 믿지 않는 것은 우리에게 아무런 영향력을 미칠 수 없어요(잠 26:2)." 이것은 그에게 완전히 새로운 계시였습니다. 이처럼 하나님께서 영적인 영역에 공급해 놓으신 것들에 접근하는 것은 믿음으로만 가능합니다(믿음으로 은혜에 들어감, 롬 5:2).

그런데 저주도 믿음이 있어야 역사합니다. 그런 믿음을 우리는 **불신**이라고 부릅니다.

불신은 잘못된 것을 믿는 것입니다. 믿음과 불신의 차이가 있다면 믿음은 하나님을 향하고, 하나님 말씀의 약속을 **믿는(긍정적으로 반응하는)** 것인 반면, 불신은 하나님과 멀어지고 세상, 육신, 마귀와 같은 잘못된 것을 믿는 것입니다. 사탄이 저주로 당신을 대적하며 다가 올 때 그 저주가 당신의 삶 가운데 임하려면 먼저 그것을 믿어야 합니다. 이렇듯 불신이란 잘못된 것을 믿는 것입니다.

마귀에게 능력을 행할 권한을 내어주는 것은 바로 우리 자신입니다. 매해 독감 시즌이 되면 독감에 걸릴 것이라고 믿는 바로 그 주체이지요. 거짓말을 받아 들여 믿은 것입니다. 누군가 저에게도 독감에 걸릴 거라 했지만 저는 그것을 믿지 않으며 그래서 걸리지도 않습니다. 저는 질병에 걸리는 것을 믿지 않습니다. '그것이 말이 되나?' 라고 생각할지 모르지만 그것은 당신이 그렇게 믿기 때문입니다. 질병에서 자유로울 수 없다고 믿기 때문에 자신이 믿은 것을 받을 뿐입니다.

　믿음은 역사합니다. 늙으면 다 병들기 마련이라고 믿는다면 자신이 믿은 대로 건강에 이런 저런 문제들이 생길 것이고 더 이상 건강하게 살 수 없을 것입니다. 그리고 그런 문제에 권세를 넘겨 준 것은 바로 당신 자신입니다. 하나님의 말씀은 예수님이 모든 이름위에 뛰어나시다(빌 2:9)고 하시는데 우리는 암(이름의 하나)이 불치병이라고 말합니다. 이름이 있는 것들은 모두 모든 이름 위에 뛰어나신 예수님의 발아래 있습니다. 별 문제가 아닙니다!

08

말씀

한나는 병원에서 더 이상 해 줄 것이 없다고 해서 집으로 돌아갔습니다. 의사들은 한나가 다음 진료 때까지 살아 있을 수 있을지 의심했습니다. 한나는 당시 3살 반이었는데 9개월 아기 옷을 입고 있었습니다. 단단한 음식을 전혀 먹지 못해서 튜브로 영양을 공급해 왔는데 이제 한나의 몸이 그것마저 거부하기 시작했던 것입니다. 한나의 부모가 딸의 상태가 얼마나 나빠졌는지 사람들에게 얘기할 때마다 그리스도인들도 "정말 안됐네요!"라고 할 뿐이었습니다. 하나님의 말씀보다 의사들의 말에 더 좌지우지되었던 것입니다.

그런데 한나의 아빠 애슐리와 엄마 칼리가 하나님의 말씀을 붙잡기 시작했습니다. 그들이 사는 잉글랜드 근처에서 제가 집회를 열게 되었다는 얘길 듣고 한나를 데리고 기도 받기 위해 저희 부부에게 왔습니다. 그들이 저에게 한나의 상태를 설명해 주었을 때, 저는 이렇게 대답했습니다. "예수님께는 식은 죽 먹기에요!" 이 말이 그들의 마음에 믿음을 불러 일으켰고 주님이 이 질병보다 더 크신 분이라고 믿기 시작했습니다. 의사들은 한나가 일주일도 넘기지 못할 거라고 했지만 한나는 완전히 치유되었습니다. 이것은 10년 전 일인데 한나는 여전히 건강하게 잘 지내고 있습니다. 할렐루야! (한나의 치유 외 여러 치유 간증은 AWM 홈페이지에 있습니다. www.awmi.net)

암과 같은 질병의 이름을 들을 때 사람들의 마음에는 두려움이 일어납니다. 대부분의 사람들이 하나님의 말씀보다 의사나 경제 전문가와 같은 사람들의 말에 더 좌지우지되기 때문입니다. 바로 그것이 문제입니다. 그렇게 하는 것은 사람들이 말한 저주나 부정적인 내용의 말에 권세를 부여하는 것입니다. "불황입니다. 다가올 문제에 대비해야 됩니다."라는 말을 듣고 그 말을 믿으면 그런 것들이 자신의 삶에 역사하도록 권세를 부여하는 것입니다.

2007-2009년에 발생했던 금융위기를 기억하십니까? 미 정부는 "경기부양책" 자금을 전부 풀기 시작했습니다. 세상이 끝난 것처럼 떠들어 댔습니다. 끔찍한 일을 예상하며 자살하는 사람들도 있었습니다. 그러나 바로 그때 하나님은 저에게 사역을 확장할 때라고 말씀하셨습니다. 주님은 바이블 칼리지를 위해 새 건물을 지으라고 말씀하셨고 우리 사역이 시작된 이래

가장 큰 건축을 시작했습니다. 지난 5년간 "금융위기" 속에서 우리는 3,200만 달러 건물을 대출 없이 지었습니다. 현재는 5,300만 달러 건물을 대출 없이 짓고 있습니다. 저 역시 금융위기에 대해 들리는 대로 믿고 물러설 수도 있었지만 저는 하나님의 음성에 귀 기울였고 그분은 저에게 세상이 말하는 것과는 완전히 다른 것을 명하셨습니다. 그리고 저는 세상이 하는 말이 아닌 하나님이 하시는 말씀을 믿기로 선택했습니다.

어떤 이들은 '그건 그렇게 간단한 일이 아닌데.' 라고 생각할 수도 있지만 사실 그렇게 간단한 일입니다. 그러나 간단해도 쉽지는 않습니다. 하나님의 말씀과 주님께서 우리 마음에 말씀하신 진리가 다른 그 어떤 것보다, 그리고 다른 그 어떤 누군가가 한 말보다 더 실제가 되는 것이 가장 힘든 일일 것입니다. 친척들이 하는 말보다, 전문가들이 하는 말보다, 정치인들이 하는 말보다 하나님이 하신 말씀이 더 실제가 되어야 합니다. 당신은 누구를 믿을 것이며 무엇을 믿겠습니까?

변명하지 말라

사탄은 당신의 동의와 협조가 없으면 아무것도 할 수 없습니다. 그런데 많은 사람들이 이 사실을 인정하지 않으려고 합니다. '마귀 때문에 내가 이렇게 한 거야. 마귀가 지금 나를 공격하기 때문에 어쩔 수 없어. 내 책임이 아니야'라고 생각하면 큰 위안이 되기 때문입니다. 그러나 사탄은 내가 그에게 권세를 넘겨준 일만 나에게 할 수 있는데 잘못된 것들을 믿는 것이 그에게 권세를 부여하는 것입니다. 가령 이런 것들입니다. '나도 인간인 걸? 그러니 독감이 유행하면 매번 걸리는 거지. 나도 그냥 다른 사람들이랑 똑같아. 대출 없이 어떻게 살아?' 이런 것들을 믿음으로써 마귀에게 다스릴 권세를 부여하는 것은 바로 나 자신입니다.

"설마요, 그럼 제 잘못이라는 말씀이세요?" 네, 그렇습니다. 그렇지만 저에게는 그 사실이 격려가 됩니다. 만약에 나를 공격하는 적이 있는데 그 적이 나보다 크고 강해서 내가 이길 수 없다면 그것은 정말 비참한 일입니다. 저는 끝이니까요! 저는 힘없는 피해자니까요. 그러나 제 잘못일 경우엔 뭔가를 할 수가 있습니다. 바꿀 수 있습니다. 사탄이 나에게 거짓말하고 내 것을 도둑질하게 허용한 것이 제 잘못이라면 제가 바꾸면 됩니다. 회개하고 방향을 바꿔 돌이키면 됩니다. 할렐루야! 내가 문제라는 것을 발견하는 것은 좋은 소식입니다. 나를 바꾸면 되니까요.

피해의식은 버려야 합니다! 이 모든 것이 정부 때문이고 정부에서 복지제도만 잘 마련한다면 모든 것이 잘 될 거라 생각하십니까? 돈만 더 있으면 될 것 같아서 누군가 당신에게 돈을 줬으면 하고 있습니까? 그러한 생각에서 속히 나오십시오! 당신에게 그렇게 해 줘야 할 책임은 아무에게도 없습니다. 다른 사람들 때문이라는 생각을 버리고 두 발로 굳게 서서 내 삶은 내 책임이라는 사실을 받아들이십시오. 그리고 이렇게 선포하십시오. "나는 하나님의 권세와 능력을 가졌기 때문에 다른 사람들이 문제가 아니다. 나는 생명을 택하고 그리스도를 통해 살아 형통할 것이다!"

미국에서는 사람들이 피해의식을 가지고 있습니다. 흑인들은 백인 탓을 합니다. 백인들은 흑인과 히스패닉, 동양인 탓을 합니다. 전부 다른 사람들 탓이라고 비난하고 있습니다. 모든 사람들이 다 핑계거리를 대며 남 탓을 하고 있습니다. 누군가는 "부자들에게 돈을 걷어서 가난한 사람에게 줘야 해."라고 말합니다. 그 누구도 책임을 지려하지 않습니다. 하지만 피부색이 어떻든 그것이 무슨 상관이란 말입니까! 예수님께서 우릴 위해 어떤 일들을 하셨는지 그것을 발견하십시오. 그리스도 안에서 내가 누구인지, 그리스도 안에서 내가 가진 것은 무엇인지, 그것을 발견하십시오. 그리고 자신의 권세를 취하여 믿음으로 그 권세 위에 굳게 서십시오. 그러면 형통하게 될 것입니다.

실패한 것에 대해서는 변명의 여지가 없습니다. 이유는 있을 수 있겠지만 변명은 하지 마십시오. 주님은 우리를 머리로 만드셨지 꼬리로 만들지 않으셨습니다. 우리는 위에 있지 아래에 있지 않습니다(신 28:13).

무기

너를 치려고 제조된 모든 연장이 쓸모가 없을 것이라 일어나 너를 대적하여 송사하는 모든 혀는 네게 정죄를 당하리니 이는 여호와의 종들의 기업이요 이는 그들이 내게서 얻은 공의니라 여호와의 말씀이니라　　　　　　　이사야 54:17

"너를 치려고 제조된 모든 연장이 쓸모가 없을 것이라"의 바로 다음을 보십시오. **"일어나 너를 대적하여 송사하는 모든 혀는 네게 정죄를 당하리니"** 이 두 가지 행동은 연결되어 있습니다. 혹시 우리의 말이 무기라는 것을 아셨습니까? 누군가 "모두 독감에 걸릴 것입니다. 팬데믹입니다."라고 했다면 그 말이 바로 저주입니다. 말을 함으로써 무기를 쓴 것입니다. 그러면 우리는 어떻게 해야 할까요? 그 말들을 정죄해야 합니다.

　10년 전 조류독감이 발생했을 때 저는 저희 팀과 함께 유럽에 있었습니다. 영국에서 차로 시내를 다니면서 곳곳에 연기가 피어오르는 것을 목격했습니다. 수백만 마리의 닭과 가금류를 태운 것입니다. 스코틀랜드에 도착하자 그 분야의 최고 전문가라는 사람이 나와서 인터뷰하는 것을 들었습니다. "조류 독감이 변이되어 사람에게 전염될 가능성이 있습니까?"라는 질문에 그 전문가라는 사람은 "당연히 가능하며 그 일이 일어나는 것은 시간문제입니다."라고 답했습니다. 그러면서 2년 내에 전 세계 인구의 삼분의 일이 조류독감으로 죽을 것이라 했습니다. 그것은 전문가의 예견이었고 그 뒤로 10년이 지났습니다.

조류독감으로 인한 사망이 있었겠지만 전 세계 인구의 삼분의 일이 죽은 것은 절대 아니며 팬데믹으로 발전하지도 않았습니다. 그렇다면 그 전문가의 말은 무엇이었을까요? 그것은 저주였습니다. 사회적으로 존경받는 사람이 무슨 말을 하면 사람들은 움츠러들고 두려움에 복종합니다. 그러면서 세상은 이렇게 말합니다. "그것이 지혜다. 그런 일이 발생하지 않더라도 최악의 상황을 준비하는 것이 현명하다." 아닙니다. 그것은 저주입니다. 그러면 그 저주의 말을 어떻게 처리해야 할까요? 이사야 54장 17절은 "너를 치려고 제조된 모든 연장이 쓸모가 없을 것이라 일어나 너를 대적하여 송사하는 모든 혀는 네게 정죄를 당하리니"라고 했습니다. 우리는 그러한 말을 정죄해야 합니다. "아니야! 예수님의 이름으로 그것은 나에게 일어나지 않는다!"라고 해야 합니다.

씨

예수님은 하나님의 말씀이 씨와 같다고 말씀하셨습니다.

뿌리는 자는 말씀을 뿌리는 것이라　　　　마가복음 4:14

너희가 거듭난 것은 썩어질 씨로 된 것이 아니요 썩지 아니할 씨로 된 것이니 살아 있고 항상 있는 하나님의 말씀으로 되었느니라　　　　베드로전서 1:23

하나님의 말씀이 씨입니다. 이 씨는 심겨질 때 싹이 트고 그 안에 들어 있는 초자연적인 능력을 풀어놓기 시작합니다. 그러나 씨에는 하나님의 말씀만 있는 것이 아닙니다. 우리가 듣는 모든 말이 씨입니다. 모든 말이 씨입니다!

죽고 사는 것이 혀의 힘에 달렸나니…　　　　잠언 18:21

우리가 듣는 말은 전부 사망 또는 생명, 축복 또는 저주 둘 중에 하나입니다. 아무런 작용을 하지 않는 말은 없습니다. 모든 말이 사망 아니면 생명을 가져오는 씨입니다.

다른 사람들을 언짢게 하기 싫다는 이유로 주위 사람들이 불신을 내뱉을 때 가만히 있으면 저 자신의 믿음에 해가 될 수도 있습니다. 사람들이 "네? 5,300만 달러가 필요하다고요? 그건 불가능해요. 안 될 일입니다."라고 할 때 제가 가만히 있는다면 그 말은 제 마음에 싹을 틔워 두려움과 의심을 풀어내기 시작합니다.

저는 제가 믿고 있는 것과 반대되는 말을 들을 때마다 "예수님의 이름으로 그렇게 되지 않는다. 나는 그 말을 정죄하고 판단한다!"라고 말합니다. 그 자리에서 그런 말을 바로바로 처리하면 아무런 영향을 끼치지 못하고 사라진다는 것을 알게 되었습니다. 그러나 말하는 사람을 언짢게 하기 싫어서 집에 갈 때까지 기다리면 그 불신의 말이 내려놓은 뿌리까지 뽑아내야 합니다. 이미 싹을 틔웠기 때문입니다. 일단 뿌리를 내리면 해결하는데 시간이 걸립니다. 그래서 나에게 선포되는 불신의 말들은 듣는 순간 즉시 처리해야 한다는 것을 깨달았습니다.

모두에게 말을 하라

저는 라디오를 듣거나 TV를 볼 때도 이렇게 합니다. 운전 중에 라디오로 뉴스를 듣는데 "독감 시즌인데 예방 주사는 맞으셨습니까?"라고 하면 저는 "아니! 예수님의 이름으로 나에게 독감 시즌이란 없다. 하나님의 말씀이 작동하지 않는 시즌은 없으니까."라고 합니다. 그들은 포기하지 않고 또 말합니다. "40세가 넘으셨습니까? 전립선 문제는 없습니까?"라고 하면 "없다. 예수께서 채찍을 맞으심으로 나는 나음을 입었다."라고 대답합니다. "어디 불편한 데는 없으십니까?"라고 물으면 "없다!"라고 합니다. 하나님의 말씀에 반대되는 말을 하는 사람이나 다른 모든 것들에게 저도 제가 할 말을 할 것입니다.

예수님도 무화과나무에게 말씀하셨습니다. 성경은 예수님이 무화과나무에 "응답"하셨다고 합니다(막 11:14, 킹제임스 흠정역). 응답을 하셨다는 것은 무화과나무가 먼저 예수님께 말을 하고 있었다는 뜻입니다. 모든 것이 당신에게 말을 하고 있다는 것을 아십니까? 통장을 봤더니 마이너스라면 그것은 이렇게 말하고 있는 것입니다. "너 큰일 났다. 믿어도 안 되네." 이렇게 당신에게 말하는 것에게는 당신도 말로 반박하십시오. 통장에 대고 말을 하십시오. "통장아, 너는 예수이름으로 흑자다." 하나님의 말씀대로 말하십시오.

제 얘길 듣고 '이 목사님 좀 이상하네.'라고 생각할 수도 있습니다. 그러나 제가 보기엔 마귀가 회를 치는데도 대적하지 않고 가만히 놔두는 것이 더 이상합니다. 당신의 동의와 협조 없이 마귀는 아무것도 할 수 없습니다.

우리가 아무런 저항 없이 질병을 받아들이는 것은 그렇게 학습되었기 때문입니다. 아담과 하와가 930년(창 5:5)을 살았던 이유 중에 하나는 독감 시즌이 있다는 것을 그들이 몰랐기 때문입니다. 갱년기라는 말도 그들은 몰랐습니다. 수백 살이 된 이후에야 아이를 갖기 시작했습니다. 마귀가 사람들에게 질병에 대해 가르치는 데는 수천 년이 걸린 것입니다. 사람들은 병든다는 것을 배워서 알게 된 것입니다.

당신의 선택에 달렸습니다!

어린 아이가 아프다고 하면 부모는 누워서 쉬라고 하면서 학교에 안 가도 되는 보상을 줍니다. 또한 그 아이에게 모든 신경을 쏟아 부으며 아이가 먹고 싶다는 것은 뭐든지 다 대령하면서 응석을 받아줍니다. 그러면서 아프다는 것은 좋은 것이라는 인상을 줍니다.

저희 아이들이 아팠을 때, 우리 부부는 그렇게 하지 않았습니다. 보상을 주거나 응석을 받아주는 대신 아이에게 "아픈 사람처럼 침대에 누워 있을 수 없다."고 했고 아이들을 아프게 놔두지 않았습니다. 그렇게 함으로써 아프다는 것은 좋은 것이 아니라는 것을 가르쳤습니다. 그 결과 우리 아이들은 아프지 않았습니다. 우리는 아플 수 없다고 믿습니다. 하나님의 말씀은 "화가 네게 미치지 못하며 재앙이 네 장막에 가까이 오지 못하리니(시편 91:10)"라고 하시기 때문입니다.

그러나 슬프게도 다른 그리스도인들은 치유와 형통 그리고 승리를 믿는 당신을 이상하다고 생각할 것입니다. '하나님은 우리가 승리 안에서 행하길 원하신다.'고 믿는 사람들을 세상은 비난합니다. 오늘날 그리스도의 몸된 교회에서 가장 인기 있는 교리 중에 하나는 하나님께서 모든 것을 통제 하신다는 것입니다. 하나님께서 "주권적으로" 일하신다는 것이지요. 이렇게 극단적인 생각을 붙잡는 사람들은 모든 실패의 원인을 하나님께 돌립니다. "이것은 하나님 때문이야. 내가 아픈 것도 하나님의 계획이 틀림없어."라고 하면서 말이지요. 아니요. 주님께는 그런 계획이 없습니다(벧전 2:24, 시 91:10-11)! 당신은 아프지 않아도 되고 가난하지 않아도 되며 낙심하지 않아도 됩니다.

저는 46년 동안 낙심한 적이 없습니다. 우리는 낙심할 수 없다고 믿으니까요. 물론 낙심할 만한 일들은 많았습니다. 이런 말을 하면 일반적인 그리스도인들은 "저건 거짓말이야."라며 비난합니다. 거짓말이 아닙니다. 이것은 저의 간증이고 앞으로도 저는 그렇게 살 것입니다. 물론 저도 낙심할 계기가 많았습니다. 제 아들이 죽었었고 여러 가지 일들이 있었지만 저는 낙심하지 않기로 선택했습니다. 어떤 일이 일어나도 저는 항상 주님을 송축할 것입니다(시 34:1). 제 영 안에는 사랑과 희락과 평안이 있으니까요(갈 5:22). 느끼는 감정과는 상관없이 저는 항상 주님을 찬양할 것입니다(히 13:15)!

당신도 이렇게 선택하면 됩니다. 당신의 선택에 달렸습니다!

회개해야 한다!

> 내가 오늘 하늘과 땅을 불러 너희에게 증거를 삼노라 내가 생명과 사망과 복과 저주를 네 앞에 두었은즉 너와 네 자손이 살기 위하여 생명을 택하고 　　　　신명기 30:19

이 구절은 마치 하나님께서 객관식 문제를 내시는 것 같습니다.

A. 생명과 복
B. 사망과 저주

그런데 하나님께서 "A"라며 정답도 알려 주십니다. 이 문제의 답을 알려주시며 "생명을 선택하라!"고 하십니다. 선택은 당신에게 달렸지만 바른 선택은 생명을 택하는 것입니다.

생명 대신 왜 죽음을 택합니까? 빚 없이 사는 삶 대신 왜 빚을 택합니까? 건강 대신 왜 질병을 택합니까? 생산적인 사람이 될 수 있는데 왜 정부 지원을 받아 연명하는 삶을 택합니까? 우리는 왜 목표 없이 허공만 휘두를까요? 이렇듯 하나님의 선하심과 은총을 가로막는 것은 바로 우리 자신입니다.

제가 언급한 것들 중에 어떤 것은 언짢게 들렸을 것입니다. 그 이유는 그동안 세상이 조장하는 기준을 받아들여 왔고 그러한 방식으로 생각했기 때문입니다. 그래서 그것은 하나님의 최선이 아니라는 말이 언짢은 것입니다. 그렇다면 회개해야 합니다! 고양이를 쓰다듬었는데 고양이털이 다 거꾸로 섰다면 쓰다듬은 방향이 잘못되었기 때문입니다. 이 문제를 어떻게 해결할까요? 고양이를 돌이키면 됩니다. 지금까지 제가 전달한 내용 때문에 기분이 거슬렸다면 그 문제를 해결할 방법도 동일합니다. 돌이키는 것입니다. 그것이 회개입니다. 그렇게 하면 언짢았던 기분도 좋아질 것입니다. 할렐루야!

주님께서 그분의 역할을 모두 완성하셨다는 것은 우리에게 격려가 되는 일입니다. 그분이 안 주신 것이 아니라는 것이 확실해졌으니까요. 우리가 아직 받지 않았을 뿐입니다. 우리가 변해야 합니다. 겸손하게 하나님께 나아가면 은혜가 흘러 나와 길을 보여줍니다(약 4:6). 그러니 이렇게 기도합시다. "아버지, 당신은 좋은 하나님이십니다. 제가 주님의 최선 이외의 것을 받은 것은 주님의 잘못이 아닙니다. 그러니 제가 모르고 있는 것을 보여주세요. 가르쳐 주세요. 주님 앞에 모든 것을 내어놓습니다. 아무 것도 주장하지 않겠습니다. 저는 당신의 최선을 원합니다. 제가 해야 할 일을 보여주십시오." 하나님은 기꺼이 당신에게 길을 보여주고자 하십니다. 그러니 회개하여 당신이 붙잡고 있던 것을 내려놓고 하나님을 제한했던 것에서 돌이키십시오.

지금 이렇게 기도합시다. "아버지, 저에게 말씀해 주시니 감사합니다. 주님의 말씀에 저의 마음을 엽니다. 제가 어떤 부분에서 주님을 제한하고 있었는지 보여주세요. 삶의 어떤 부분에서 주님의 선하심을 막았는지 보여주세요. 아버지, 감사합니다. 저 자신을 겸손케 하여 저의 마음에 새겨진 말씀, 저의 혼을 능히 구원할 말씀을 온유함으로 받습니다(약 1:21). 하나님께 책임을 전가하던 것에서 돌이키고 저의 책임을 받아들입니다. 육신적인 모습에서 돌이켜 주님의 말씀 위에 서겠습니다. 저의 삶을 만져주시니 감사합니다!"

09

자연적인 법칙

하나님께서 우리의 필요를 공급하시는 방법은 다양합니다. 두 가지 주된 방법은 축복과 기적입니다. 이 둘의 차이를 깊이 생각해 본 사람은 별로 없을 것입니다.

성령세례를 받은 대부분의 성도들, 그러니까 방언을 하고 하나님은 실재實在하시며 초자연적이고 무엇이든지 다 하실 수 있다고 믿는 성도들은 기적을 추구하는 경향이 있습니다. 두개의 문이 나란히 있다고 해 봅시다. 하나의 문에는 "기적"이라고 쓰여 있고 나머지 하나에는 "축복"이라고 쓰여 있습니다. 그런데 대부분의 그리스도인들은 매번 "기적"이라고 쓰여 있는 문으로 달려갑니다. "나는 기적을 원해요. 하나님의 기적 가운데 살고 싶습니다!"

오늘 날에도 기적은 일어납니다. 우리 집회에서도 기적이 일어나고 캐리스 바이블 칼리지와 우리 단체의 기도 전화를 통해서도 기적이 일어나고 있습니다. 그렇기 때문에 저는 지금 기적이 문제라고 주장하는 것이 아닙니다. 그렇다고 기적이 하나님의 최선도 아닙니다. 당신을 향한 하나님의 최선은 축복입니다.

물론 저도 기적을 믿고 저희 사역을 통해 자주 경험하고 있습니다. 하지만 기적은 원래 다른 사람들(불신자들)을 위한 것이라고 저는 생각합니다. 예수님은 마치 식사시간을 알리는 종처럼 기적을 사용하셔서 사람들이 예수님께 나오도록 관심을 끌어내어 예수님의 가르침을 확증하셨습니다. 우리는 예배 가운데에서도 하나님의 기적을 더 많이 경험하여 사람들에게 용기를 주고 하나님이 실존하심을 더 많이 보여 주어야 합니다. 그러나 매일의 삶이 기적으로 지속되진 않습니다. 하나님은 당신이 축복 속에 살기를 원하십니다. 장기적으로 볼 때, 축복이 기적보다 더 좋기 때문입니다.

대체 또는 중지

기적의 정의를 보면 그것은 자연법칙이 대체되거나 또는 잠시 중지하는 것입니다. 무언가가 자연의 법칙으로 설명될 수 있다면 그것은 기적이 아닙니다. 소아마비 백신과 같은 것을

"기적"의 약이라 부릅니다. 그러나 백신 개발은 기적이 아닙니다. 축복입니다. 그것은 자연의 법칙 내에서 개발된 것이기 때문입니다. 사람들이 기도했기 때문에 하나님께서 지혜와 지식을 주셔서 개발된 것들이 많이 있다고 저는 생각합니다. 이렇듯 자연적인 영역 내에서 일어나는 것들은 기적이 아닙니다.

기적은 자연의 법칙을 대체하거나 중지시키는 사건입니다. 물 위를 걷는 것은 기적입니다만(마 14:22-33) 그 물이 얼어있었다면 기적이 아니지요. 기적은 초자연적인 것입니다.

하나님께서 천지를 창조하셨을 때 그것을 관장하는 자연법칙도 함께 창조하셨습니다.

하나님이 이르시되 빛이 있으라 하시니 빛이 있었고 빛이 하나님이 보시기에 좋았더라 하나님이 빛과 어둠을 나누사 하나님이 빛을 낮이라 부르시고 어둠을 밤이라 부르시니라 저녁이 되고 아침이 되니 이는 첫째 날이니라   **창세기 1:3-5**

하나님은 계속해서 말씀으로 창조를 이어가셨습니다.

하나님이 지으신 그 모든 것을 보시니 보시기에 심히 좋았더라 저녁이 되고 아침이 되니 이는 여섯째 날이니라
창세기 1:31

하나님께서 천지를 창조하셨을 때, 보시기에 "좋았더라" 또는 "심히 좋았더라"고 하신 것은 매우 절제된 표현입니다. 천지는 너무나 멋졌습니다! 하나님께서 창조하신 것은 놀라웠습니다! 그래서 하나님께서 이 세상을 만드신 뒤에 그것을 유지하는 자연법칙도 창조하셨습니다. 우리가 그 자연법칙 안에서 살아가도록 하신 것입니다. 중력의 법칙과 같은 자연법칙은 저절로 생겨난 것이 아닙니다. 창조된 것입니다.

예외

불행하게도 세상은 불신자들의 영향을 너무 많이 받아서 그리스도인들조차 세상이 진화되었고 천지가 저절로 생겨났다고 생각합니다. 그렇지 않습니다. 하나님은 모든 것을 세심하게 계획하셨습니다. **"하나님이 이르시되 빛이 있으라 하시니 빛이 있었고**(창 1:3)", **"하나님이 이르시되 천하의 물이 한 곳으로 모이고 뭍이 드러나라 하시니 그대로 되니라**(창 1:9)", **"하나님이 이르시되 땅은 풀과 씨 맺는 채소와 각기 종류대로 씨가진 열매 맺는 나무를 내라 하시니 그대로 되어**(창 1:11)" 하나님께서는 이렇게 하시기 전에 오랜 시간 이것을 마음에 품고 많이 생각하셨습니다. 마침내 하나님께서 말씀을 선포하셨을 때, 그 말씀은 하나님께서 생각해오시던 것들을 표출시켰습니다. 그리고 이렇게 그분의 피조세계를 말씀으로 표출하시기 전에 이미 세세한 모든 부분까지 마음에 품어오셨습니다.

저도 창작해 내는 것들이 있기 때문에 창작의 과정에 대해서 알고 있습니다. 건물을 짓고 TV와 라디오 프로그램을 만들고 다양한 교재들을 만듭니다. 이렇게 하려면 먼저 상상력을 동원해 마음에 품어야 합니다. 하나님의 말씀은 우리가 그의 형상을 따라 만들어졌다고 합니다(창 1:27). 그래서 저는 우리가 가진 창작의 능력이 하나님께로부터 왔다고 믿습니다. 저는 하나님께서 천지를 창조하실 때 가장 세세한 부분까지 생각하셨다고 믿습니다. 세포와 분자, 원자같이 가장 작은 것까지 세심하게 생각하시고 만드셨기 때문에 "심히 좋았더라"고 말씀하신 것입니다. 하나님은 모든 것이 완벽하게 돌아가는 곳에서 우리가 살 수 있도록 해 놓으셨고 우리는 하나님께서 장착해 놓으신 이 자연법칙과 협력해야 합니다. 하나님께서는 우리가 자연법칙이 작동하는 방법과 그 안에서 살아가는 방법을 배우기를 원하십니다.

그렇기 때문에 하나님께서 직접 창조하신 자연 법칙을 대체하거나 또는 중지해야 한다는 것은 예외적인 경우입니다. 기적이지요. 기적은 하나님께서 의도하신 우리의 삶의 방법이 아닙니다. 하나님은 우리가 자연법칙 안에서 사는 방법을 배우길 원하십니다. 지금부터 제가 설명하고자 하는 것을 여러분이 이해할 수 있도록 주께서 초자연적으로 도우시길 기도합니다.

전문가들이 놓친 사실

마음의 즐거움은 양약이라도 심령의 근심은 **뼈를 마르게 하느니라**
잠언 17:22

기뻐하기로 선택하면 혼과 몸에 유익이 됩니다. 이것이 피조물을 향한 하나님의 법칙 중에 하나입니다. 하나님은 우리가 그분과 교제하고 기쁨으로 충만하도록 만드셨습니다. "**주께서 생명의 길을 내게 보이시리니 주의 앞에는 충만한 기쁨이 있고 주의 오른쪽에는 영원한 즐거움이 있나이다**(시 16:11)"

스트레스, 근심, 걱정, 두려움은 모두 타락의 결과입니다. 의학적으로도 스트레스가 면역체계를 망치고 여러 질병에 대해 취약한 상태로 만든다는 것을 발견했습니다. 그러나 우리가 주님의 임재 안에서 기쁨 가운데 행할 때, 우리 마음의 즐거움은 양약과 같습니다. 우리가 하나님께서 말씀해 주신 이 법칙과 협력한다면 많은 질병과 건강의 문제들이 우리 몸에 머물지 못하게 될 것입니다.

출애굽기 20장 12절은 아버지와 어머니를 공경하면 우리의 수명이 연장되어 하나님께서 주신 땅에서 오래 살 것이라고 합니다. 그리고 에베소서 6장 2-3절은 다음과 같이 그것을 확증해줍니다.

네 아버지와 어머니를 공경하라 이것은 약속이 있는 첫 계명이니 이로써 네가 잘되고 땅에서 장수하리라

에베소서 6:2-3

하지만 부모님을 공경하지 않고 오히려 반항하는 이들이 많습니다. 모든 부모들이 항상 옳게 행동한다는 말은 아닙니다만 그럼에도 불구하고 우리는 부모를 공경하기로 선택할 수 있습니다. 권위를 존중하는 것입니다. 부모님을 존중하지 않고 권위에 대항하는 일이 오늘날 우리나라에도 만연해 있습니다. 기본적인 자세 자체가 무례한 사람들이 많습니다. 그러한 태도는 자신의 건강에도 영향을 미칩니다. 한 사람의 건강은 그들이 부모님을 공경하는가에 직접적인 연관이 있습니다.

저는 전문가들이 이 부분을 놓치는 것에 대해 항상 놀랍니다. 그들은 일본처럼 장수하는 사람들이 많은 지역을 찾아가서 그들에게 왜 심장병이 없는지 의아해 합니다. 그들은 일본인들의 식단을 분석하여 생선을 통해 오메가3를 섭취한 것이 장수

의 비결이었다고 결론 지었습니다. 부모님과 연장자들을 공경하는 일본 문화가 장수의 요인 중 하나일거라는 생각은 아예 하지도 않습니다. 오직 물리적이고 육신적인 이유만 찾기 때문입니다. 그래서 일본인들이 부모를 공경한다는 사실은 생각조차 못하는 것입니다. 일본인들처럼 조상신을 섬겨야 한다는 말이 아닙니다. 하나님께서 창조하신 세상에서 하나님의 법칙을 따르는 데에는 큰 유익이 있다는 말씀입니다.

중요한 것을 놓치다

하나님의 말씀은 생명과 건강입니다.

내 아들아 내 말에 주의하며 내가 말하는 것에 네 귀를 기울이라 그것을 네 눈에서 떠나게 하지 말며 네 마음 속에 지키라 그것은 얻는 자에게 생명이 되며 그의 온 육체의 건강이 됨이니라   잠언 4:20-22

세상 사람들은 영적 진실을 고려하지 않습니다. 건강을 위해 식단이나 운동 같은 것만 생각합니다. 사실, 많은 사람들이 온갖 종류의 채소나 과일을 먹는데 열광하지만 즐거운 마음을 갖는 것, 부모님과 노인을 공경하는 것, 하나님의 말씀을 공부하는 것이 건강의 핵심 요소입니다.

그가 그의 말씀을 보내어 그들을 고치시고 위험한 지경에서 건지시는도다   시편 107:20

지금부터 말씀드릴 것은 저만의 생각이니 받아들여도 되고 안 받아들여도 됩니다. 저는 식단과 운동은 우리 건강에 20%에서 25% 정도만 차지한다고 생각합니다. 나머지 75% 이상은 영적인 것과 감정적인 것에 달려 있다고 생각합니다. 하지만 세상은 영적인 부분을 간과하기 때문에 식단과 운동 등 자연적인 것들에만 골몰합니다. 자연적인 것도 우리 건강을 이루는 일부 요소이긴 하지만 더 중요한 부분들을 무시하는 것이지요. 사소한 것에 집착하여 중요한 것은 완전히 놓치고 있습니다.

하나님은 우리를 창조하셨고 또 우리가 사는 이 세상도 만드셨습니다. 우리의 몸이 특정 방식으로 기능하도록 만드셨습니다. 우리 마음이 스트레스와 두려움, 걱정, 용서치 못함, 쓴 뿌리로 가득하면 하나님께서 만드신 온전한 시스템이 손상됩니다. 그러나 우리가 말씀을 묵상하는 가운데 기쁨, 평안, 자유함으로 행하여 우리의 생각이 하나님께 고정되어 있으면(사 26:3)

하나님의 축복이 저절로 흘러나오는 것을 경험하게 됩니다. 질병이나 여러 가지 문제들을 겪을 일이 거의 없을 것입니다. 인생의 모든 일이 훨씬 더 잘 돌아갈 것입니다!

하나님과의 친밀한 관계

슬픈 일이지만 실제로 이러한 문제가 생기는 것에 교회가 크게 기여하고 있습니다. 교회를 통해 무조건적인 하나님의 사랑과 그분의 선하심에 대해 배우기보다는 오히려 죄책감과 정죄감을 받습니다. 또한 교회는 기도를 원래 목적과 다르게 왜곡시켜 왔습니다.

기도는 근본적으로 하나님과의 관계를 누리는 것입니다. 물론 다른 이를 위해 중보하고 마귀를 대적해야 할 때도 있지만 그것은 기도의 아주 적은 부분이어야 합니다. 기도는 하나님께 우리의 사랑을 표현하고, 하나님께 감사드리고, 하나님과 교제하는 것입니다.

아담과 하와에게 기도할 일이 뭐가 있었겠습니까? 타락 이전에는 에덴동산에서 옷을 달라고 기도할 필요도 없었고 집을 달라고 기도할 필요도 없었습니다. 먹을 것도 마찬가지고요. 필요한 모든 것이 이미 있었습니다. 날씨도 완벽했습니다.

비판할 정부도 없었고 부흥을 위해 기도할 필요도 없었습니다. 오늘날 사람들이 기도해야 한다고 하는 그러한 기도제목이 전혀 없는 곳에서는 무엇을 해야 될까요? 저는 아담과 하와가 하나님과 매일 만나 교제했다고 생각합니다. "아름다운 날을 주셔서 감사해요. 너무 멋지네요! 오늘 어떤 나무를 봤는데 처음 보는 나무였어요. 그 나무 열매도 먹어봤고 그 나무 근처에 있는 동물들도 봤어요. 하나님, 당신은 정말 멋지십니다!" 그들은 이렇게 하루 일상을 하나님과 나눴을 것입니다.

저의 책 "더 나은 기도방법 한 가지"를 읽은 한 여성분이 그 내용을 삶에 적용한 사례를 말해주었습니다. 처음에는 개를 산책시키면서 작은 것들에 대해 감사하기 시작했다고 합니다. 좋은 날씨에 대해 감사했고, 다가오는 봄과 싹이 트는 것에 대해서도 감사했다고 합니다. 이렇게 감사를 시작하자 하나님의 사랑을 매우 강하게 느꼈다고 합니다. 그래서 보통 때보다 두 배나 걸었는데 다른 일을 하러 가기가 싫었다고 합니다. 산책을 마치고 다음과 같이 저에게 이 메일을 보내주었습니다. "내일 또 이렇게 예수님과 교제하고 그분의 기쁨과 사랑을 느낄 것이 너무 기대됩니다. 이런 것이 기도인 줄은 미처 몰랐어요! 저는 항상 무언가를 달라고 간구하고, 회개하고, 마귀를 꾸짖고, 묶고 이런 식으로 해왔거든요."

하나님과 교제한다면 다른 일들은 초자연적으로 알아서 돌아간다는 것을 발견하게 될 것입니다. 반면 하나님의 말씀대로 행하지 않으면 스트레스를 받게 되고 비참해지며 쓴 뿌리가 생겨서 논쟁이 잦아지고 용서하지 않아 결국 여러 가지 문제를 겪게 됩니다. 그렇게 되면 기적이 필요한 상태가 되는 것입니다! 기적은 이렇게 자연적인 법칙으로 일어난 결과를 이기는 것입니다. 그러나 평소 사랑과 기쁨, 평안 안에서 살고 있다면 기적이 필요하지 않습니다. 하나님은 우리를 너무 사랑하시기 때문에 기적을 베풀어 주시겠지만 축복을 따라 사는 법을 배우기만 한다면 기적이 필요하지 않게 됩니다.

10

만나

기적을 간구하기보다 축복 가운데 살아가는 원리를 배우는 것은 재정 분야에서도 적용됩니다. 공급이 역사하는 것에도 하나님께서 창조하신 법칙이 있기 때문입니다.

주님은 우리 손으로 하는 일을 축복하시겠다고 하셨습니다.

> 여호와께서 명령하사 네 창고와 네 손으로 하는 모든 일에 복을 내리시고 네 하나님 여호와께서 네게 주시는 땅에서 네게 복을 주실 것이며　　　　　　　　　　신명기 28:8

> 여호와께서 너를 위하여 하늘의 아름다운 보고를 여시사 네 땅에 때를 따라 비를 내리시고 네 손으로 하는 모든 일에 복을 주시리니 네가 많은 민족에게 꾸어줄지라도 너는 꾸지 아니할 것이요　　　　　　　　　　신명기 28:12

우리가 손대는 일은 모두 축복을 받습니다. 그런데 100 곱하기 0은 0이라는 사실을 아십니까? 현재 어떤 피치 못할 사정으로 인해 정부의 지원을 받아 살아가는 사람들을 비난하려는 것은 아닙니다. 무엇을 하든 당사자의 선택이며 하나님은 어떤 상황에서도 당신을 사랑하시고 저도 그 문제에 대해서 화를 내는 것이 아닙니다. 그러나 그것은 하나님께 능력으로 역사해 달라고 기도하면서도 자신은 아무 일도 하지 않는 것입니다. 정부의 지원을 받는 상태를 하나님께서 어떻게 축복하실 수 있겠습니까?

이렇게 생각하는 사람들도 있습니다. '나는 맥도널드 같은 데서는 일하지는 않을 거야. 거기서 일하는 것보다 정부 지원금이 더 많은데, 뭘.' 그러나 그 둘에는 차이가 있습니다. 우리가 손대는 것은 하나님께서 여러 배로 늘려 주실 수 있다는 것입니다. 하지만 지원받는 돈을 배가하시지 못합니다. 주님은 정부의 지원금을 통해 당신을 축복하지 않으실 것입니다. 정부의 지원이 필요한 순간이 있다면 그때는 그렇게 해야 되겠지요. 누구나 일시적으로 도움이 필요할 수 있습니다. 그러나 계속 그렇게 살지는 마십시오. 하나님의 최선 이외의 것에 머무르지 마시라는 뜻입니다. 하나님이 당신의 필요를 공급하신다는 사실을 믿으십시오. 그런데 이렇게 재정 문제에 대해 얘기하다 보면 아예 일하는 것 자체를 싫어하는 사람들도 있다는 것을 발견합니다.

재정적으로 힘들었던 나의 이야기

저 역시 일하지 않아도 된다는 생각을 가졌던 적이 있습니다. 부르심을 받아 사역을 시작했을 때, 사역 외에 다른 일을 하는 것은 하나님께 죄를 짓는 것이라는 잘못된 생각을 가졌었습니다. 주님은 말씀을 전하라고 저를 부르셨고 저는 주님께서 명하신 것을 하려고 했습니다. 그 마음은 옳았지만 생각이 잘못되었던 것입니다. 그래서 아내와 저는 거의 굶어죽을 뻔 했습니다!

아내가 임신 8개월이었을 때 2주 넘게 먹지 못하고 지낸 적도 있습니다. 정말이지, 물만 마시고 지냈습니다. 제가 일을 할 수 없었기 때문이 아니라 사역자는 일을 하지 않는 것이 옳은 것이라 여겼기 때문입니다. 지금 생각해 보면 그것은 하나님의 법칙을 따르지 않은 것입니다.

> 이와 같이 주께서도 복음 전하는 자들이 복음으로 말미암아 살리라 명하셨느니라 고린도전서 9:14

문제는 당시 제가 복음을 전하지 않고 있었다는 것입니다. 복음 전파를 위해 부르심 받았지만 전할 대상이 없었습니다. 섬기는 대상이 없었으니 사역으로 살 기대를 해서는 안 되는 것이었습니다.

그 뒤로 5명 또는 10명 정도 참석하는 성경공부를 인도하게 됐습니다. 제가 섬기는 대상이 5명에서 10명 정도였기에 "복음으로 사는" 전임사역자가 아니었으니 복음으로 살 수 있기를 기대하지 말았어야 했습니다. 생계를 위해 장막을 만들었던 바울처럼 해야 했습니다(행 18:3). 그러나 저는 그렇게 하지 않았고 그래서 아내와 저는 5년 이상 재정적으로 엄청난 위기를 겪어야 했습니다. 10년 정도 너무 힘들었고 거의 죽을 뻔 했던 적도 있었습니다. 제가 너무 어리석어서 전임 사역을 할 때까지는 복음으로 말미암아 사는 것을 기대해선 안 된다는 사실을 몰랐기 때문입니다.

제 아내로 인해 하나님께 얼마나 감사한지요! 제가 아내에게 시킨 고생을 하고서도 제 옆에 붙어있을 사람은 이 세상에 제 아내밖에 없을 것입니다. 아내가 저를 한 번이라도 비난하면서 "대체 왜 일을 안 해요!"라고 비난했다면 저는 그것으로 끝났을지도 모릅니다! 아마 그 자리에서 무너졌을 것입니다. 당시 그 자체만으로도 너무나 비참한 기분이었으니까요. 하지만 아내는 절대 저를 비난하지 않았습니다. 단 한 번도 싫은 소리를 하지 않았습니다. 아내는 저를 따라주었고 제가 하나님의 뜻이라고 여겼던 것이면 무엇이든 함께 했습니다.

당시 저희 부부는 기적에 의지해 살았습니다. 초인종이 울려서 나가보면 현관 앞에 식료품으로 가득한 바구니가 있었지만 사람은 아무도 없었고 누군가 물건만 두고 도망가기에도 시간이 너무 짧았습니다. 사람이라고는 어디에도 보이지 않았으니까요! 이렇게 먹을 것이 어디선가 나타나기도 하고 우편함에 돈이 들어 있기도 했습니다. 자기의 주소를 적지 않고 우편으로 헌금을 보내준 사람들도 있었습니다. 그런 일들이 여기저기서 불쑥불쑥 일어났습니다.

진리를 듣지 못하는 일이 없도록

그때 우리는 정부지원으로 식료품을 받을 수도 있었습니다. 결혼한 그 해에 연 수입은 1,253달러였는데 한 달 월세가 100달러였습니다. 어떻게 살았는지도 모르겠습니다. 그 다음 해는 연 수입이 2,300달러였습니다. 그 상태면 여러 가지 정부지원을 받을 수 있었겠지만 그것보다는 더 좋은 것이 있다고 계속해서 믿었습니다. 하나님께서 채우신다고 믿었던 것입니다. 그 믿음을 붙잡는 방법에 있어서는 잘못된 것이 많았지만 적어도 그렇게 하겠다는 목표는 확실했습니다!

한번은 달랑 7달러와 쿠폰 하나를 들고 하나님을 신뢰하는 마음으로 마트로 향했습니다. 너무 오래 못 먹어서 먹을 것이 필요했거든요! 그런데 나올 때는 비닐봉투 7개에 가득담긴 식료품과 10달러어치의 쿠폰이 생겼습니다. 집으로 돌아온 뒤 어떻게 이런 일이 가능했는지 따져보았지만 알 수 없는 노릇이었습니다. 그날 우리가 구입한 것들은 전부 특별세일 중이었는데 그 자체만으로도 기적적인 일이었습니다. 우리가 그 시기를 견디고 살아남은 것 자체가 기적이었습니다!

한번은 재정적인 형통에 대한 설교를 들으러 간 적이 있었는데 거기서 판매하던 설교 테이프들을 보며 생각했습니다. '이 설교를 들을 수만 있다면 내 인생이 바뀌겠구나!' 그런데 그 설교 테이프들을 살 돈이 없었습니다. 곁에 있던 아내를 쳐다보니 눈에 눈물이 고여 있었습니다. 아내도 그 말씀이 우리에게 도움이 될 거라는 것을 알았지만 그것을 살 돈이 없다는 사실을 뼈저리게 느끼고 있었던 것입니다. 그때 저는 결심했습니다. "하나님, 하나님께서 저에게 다른 사람을 도울 수 있는 진리의 말씀을 보여주신다면 그 어떤 누구도 돈 때문에 그 진리를 듣지 못하는 일이 없도록 하겠습니다." 그래서 우리 단체는 도움이 필요한 사람들에게 그동안 수백만 개의 테이프, CD, DVD, 책 등의 설교 자료들을 무료로 공급해 왔습니다. 우리 웹사이트만 해도 매달 수십 만 번의 다운로드가 무료로 공급되고 있습니다. 지난 40여 년간 우리는 주님의 일하심을 통해 수천 수백만 자료들을 무료로 나눠줄 수 있었습니다. 할렐루야! 주님의 이름을 찬양합니다!

그때 재정의 형통에 관한 말씀을 듣고 나온 날, 댈러스 시내 한복판에서 차에 기름이 떨어졌습니다. 때는 밤 11시가 넘었고 날씨는 매우 추웠습니다! 어떻게 해야 될지 몰랐습니다. 돈이 한 푼도 없었기 때문에 차에 손을 얹고 예수님의 이름으로 시동이 걸리라고 명령했습니다. 그런데 차에 시동이 다시 걸렸고 기름 값이 생길 때까지 1주일 동안 차를 몰고 다닐 수 있었습니다. 그것은 기적이었습니다!

그런데 차에 부동액을 넣을 돈이 없어서 엔진 실린더블록이 얼어서 깨져버렸습니다. 그 깨진 부분을 보니 거기서 물이 뿜어져 나왔습니다. 그런데 수리할 돈이 없어서 기도했습니다. 그리고 그 블록이 깨진 채로 그 차를 일 년 동안 몰고 다녔습니다. 그것도 기적이었습니다! 이론적으로는 설명할 방법이 없습니다. 그렇게 우리는 하루하루 기적에 기적을 경험하며 살았습니다.

"아닙니다, 주님."

한참 뒤에 콜로라도로 이사한 이후, 어느 날 운전 중에 그 일들이 떠올랐습니다. "하나님, 저희 부부는 항상 기적을 경험했습니다. 기도하지 않으면 먹을 것도 없었는데 수십 년간 그런 기적을 체험하지 못했습니다. 차에 손을 얹고 기도한 뒤 휘발유 없이 차를 몰고 다녔던 것, 배가 고플 때 기적같이 식료품을 공급받았던 것이 벌써 오래되었습니다." 이렇게 기도하면서 혼자 생각했습니다. '어떻게 된 거지? 매일 매일 기적을 체험했었는데?'

그 때 주께서 저에게 이렇게 물으셨습니다. "그 때로 돌아가고 싶으냐?"

"아닙니다, 주님. 그러고 싶지 않습니다. 지금이 더 좋습니다."

지금은 차에 문제가 생기면 바로 수리를 맡기거나 새 차를 살 수 있습니다. 어떤 것이 더 좋은 것일까요? 간절히 기도하고, 진리의 말씀에 굳게 서고, 말씀을 고백하자 "짠!" 하고 갑자기 누군가가 나타나 새 차를 사 주는 것? 글쎄요, 그것은 놀라운 기적이지만 저는 그보다는 현금이 충분하게 있어서 필요할 때 바로 차를 살 수 있는 편이 더 좋습니다.

이것이 축복과 기적의 차이입니다. 기적은 자연법칙을 대체하거나 멈추게 하는 것입니다. 그리고 이 모든 자연법칙을 만드신 분은 하나님이십니다. 그래서 아무 이유 없이 이러한 법칙을 중지시키거나 대체하지 않으십니다. 원래 자연 법칙은 처음부터 좋은 상태로 만들어졌기 때문입니다. 그래서 계속적으로 기적에 기적을 경험하며 살아가는 것은 위기에 위기를 겪으며 살아가야 한다는 뜻입니다. 하나님께서 기적을 허락하시려면 먼저 절망적인 위기가 있어야 하기 때문입니다. 기적은 쉽게 오는 것이 아닙니다. 그렇기 때문에 <u>계속해서 기적을 달라고 기도하는 사람은 계속해서 위기 가운데 살고 있다는 뜻입니다.</u>

저는 이런 사람들을 항상 만납니다. 그들의 상황은 절망적이고 그래서 저에게 기도해 달라고 하지만 그들은 하나님의 법칙을 전부 위반한 사람들입니다. 우리에게는 자연적, 물리적 법칙만 있는 것이 아닙니다. 영적인 법칙 또한 존재하는데 그 중에 재정적인 영역은 다음과 같습니다.

- 하나님께서는 우리의 손으로 하는 일에 복을 내리십니다 (신 28:8).
- 일하지 않으면 먹지도 말아야 합니다(살후 3:10).
- 100 곱하기 0은 0입니다(창 26:12).

이러한 영적인 법칙은 무수히 많습니다. 그런데 저에게 기도해 달라고 간절히 바라는 사람들은 하나님의 말씀대로 행하지 않습니다. 일을 하지 않습니다. 낙심하여 우울해하고 쓴 뿌리를 갖고 있습니다. 화가 나 있으며 용서하지 못한 마음으로 가득합니다. 이렇게 영적인 법칙들을 모두 어기면서 위기 가운데 살아가고 있습니다. 하나님께서 말씀하신 것을 따르지 않기 때문입니다.

이것이 현재 당신의 모습입니까? 영적인 법칙들을 어기고 있습니까? 항상 위기 속에 살고 있습니까? 주님께서 명하신 대로 해 오셨습니까? 하나님께서 저와 제 아내를 사랑하시듯 당신도 사랑하십니다. 하나님은 저희 부부가 굶어죽지 않기를 바라셨기에 기적을 허락하셨습니다. 그런데 문제는 저희 재정 생활에는 총체적인 문제점이 있었다는 것이었고 당신의 재정 생활도 그럴 가능성이 크다는 것입니다.

더 좋은 방법

삶 가운데 재정적인 문제가 끊이지 않습니까? 기도로 기적을 경험했지만 같은 문제가 다시 반복됩니까? 잎을 잘라낸다 해도 뿌리를 그대로 남겨두면 다시 잎이 자라납니다. 어떤 필요에 처했을 때 기적이 일어나 필요한 것이 공급될 수는 있겠지만 그랬다고 재정 문제의 뿌리가 제거된 것은 아닙니다. 그리고 그것은 문제가 제대로 처리된 것이 아닙니다. 이것이 만약 당신의 상황이라면 다음 달에도, 그리고 내년에도 또 다른 기적이 필요할 것입니다. 하나님의 법칙을 따르고 순종하는 법을 터득하지 못했기 때문입니다. 그래서 위급한 상황이 계속되는 것이며 그 결과 기적을 필요로 하는 것입니다. 하지만 그것보다 더 좋은 방법이 있습니다. 그것은 하나님의 축복으로 사는 것입니다. 재정적인 형통에 대한 하나님의 말씀을 배워 그대로 행하십시오. 그리고 몇 가지 자연적, 물리적 법칙들도 배우고 행해야 합니다. 제가 배운 것 한 가지를 여러분과 나누도록 하겠습니다.

저는 평생 동안 하나님을 섬겨왔습니다. 8살 때 그리스도를 영접했고 계속해서 주님을 구해왔습니다. 하나님을 멀리한 적은 아주 잠깐이고 18살에 기적적으로 하나님을 체험한 후에는 전적으로 하나님을 섬겨왔습니다. 좋은 일도 많이 있었지만 저의 사역은 초반부터 고전을 면치 못했습니다. 은행에서는 대출 때문에 우리 단체가 문을 닫아야 한다는 말을 자주 했습니다. 항상 위기상황이었습니다.

저와 알고 지내던 사업가 폴 밀리건Paul Milligan은 1996년도에 자신의 회사 소속 회계사를 데리고 우리 단체를 방문했습니다. 그는 "이 단체를 돕기 위해 왔습니다."라고 했습니다. 이틀 간의 조사 후에 그들은 이렇게 말했습니다. "뭔가가 심각하게 잘못되었네요. 장부상으로 이 단체는 파산상태여야 합니다. 이대로는 지탱할 수가 없는 상태에요. 문제의 원인을 찾아보겠습니다."

그때 저는 폴에게 경영에 대해 많은 것을 배웠는데 그 중에 하나가 "필요한 때에 맞추는just-in-time" 경영이었습니다. 그는 우리 단체의 창고로 저를 데려가서 이렇게 말했습니다. "목사님은 이 창고에 15만 달러를 썩히고 있네요."

이때는 우리 단체 수입이 한 달에 3-4만 달러정도 될 때였습니다. 제가 "15만 달러가 어디에 있습니까?"라고 묻자 그는 창고에 쌓여 있는 책들과 오디오 관련 자료들을 가리켰습니다. 그때 우리는 권당 14달러의 인쇄비가 드는 저의 주석 성경을 7달러로 단가를 낮추기 위해 대량으로 1만권을 인쇄해 놓았습니다. 당장 들어가는 돈이 반값 밖에 안 되니 재정을 절약하고 있다고 생각했던 것입니다. 그런데 폴은 재고를 창고에 쌓아두어 15만 달러를 썩히고 있다고 일러주었습니다. 그러나 "필요한 때에 맞추는" 경영을 도입함으로써 재고 물량을 낮게 유지했습니다. 단가는 조금 비싸더라도 15만 달러를 창고에서 썩히지 않고 다른 곳에 유용하게 쓸 수 있었던 것입니다.

1996년도에 폴에게 배운 이 한 가지 원칙으로 인해 우리 단체는 그 이후 재정이 부족했던 적이 없었습니다!

이렇듯 제가 몰랐던 재정에 관한 물리적, 자연적인 방법들은 세상에서도 많은 변화를 이룬 것들입니다. 하나님께서 만드신 법칙에는 이런 물리적 법칙 외에 감정적, 영적 법칙도 있습니다.

하나님은 이것이 우리를 위한 것이라고 말씀하셨습니다. 그런 것들이 무엇인지, 그리고 어떻게 사용하는 것인지를 배우면 큰 유익을 얻을 수 있습니다.

절대적으로 초자연적!

하나님의 축복 안에서 행하려면 거기에 협력을 해야 합니다. 그리고 하나님의 축복으로 들어가려면 반드시 믿음이 필요합니다. 반면 기적은 얼마나 절망적인 상황에 처해있느냐에 달려있습니다. 포기하지 않고 계속 하나님을 바라본다면 하나님의 초자연적 개입을 경험할 수 있겠지만 그래도 기적은 위기의 상황에 오는 것입니다. 그래서 계속되는 기적 가운데 살고자 한다면 계속되는 위기 가운데 살면 됩니다.

축복과 대조적으로 기적은 일시적입니다. 절대 일상이 되진 않습니다. 우리가 따라야 할 자연적인 법칙과 영적 법칙을 만드신 분이 바로 하나님이시기 때문에 기적처럼 하나님의 일시적 개입 이후에는 하나님께서 모든 것을 자연적인 법칙과 영적인 법칙에 맞도록 다시 돌려놓으십니다.

사람들이 암과 같은 질병에 걸렸을 때도 이런 일이 일어납니다. 이것은 죽느냐 사느냐의 문제이기 때문에 사람들은 믿음을 발휘하고 하나님을 믿어 기적적으로 치유를 받습니다. 그러나 그 질병을 가져왔던 잘못된 생각, 용서치 못하는 마음, 쓴 뿌리 등의 원인(질병을 유발하는 원인은 아주 많습니다)은 해결하지 않습니다. 뿌리를 그대로 남겨 뒀기 때문에 시간이 지남에 따라 질병은 더 나빠져서 돌아옵니다. 그래서 기적은 일시적이라는 말입니다. 원인을 해결하지 않으면 치유는 지속되지 않습니다.

성경에 기록된 기적 중에 가장 오래 지속된 것은 만나의 기적입니다(출애굽기 16장). 하나님의 백성이 위기 상황에 직면했던 것입니다. 그들은 광야에 있었고 먹을 것이 없었습니다. 그래서 하나님은 만나를 보내주셨는데 그것은 완전히 초자연적인 것이었습니다.

> 사람이 천사들의 음식을 먹었으며…
> 시편 78:25, 킹제임스 흠정역

만나는 기적이었습니다! 그동안 사람들은 만나가 딱정벌레의 분비물이었다는 둥, 뭔가 과학적인 설명을 찾으려 했지만 실패했습니다. 이스라엘 백성들은 매일 특정한 분량만을 거두어야 했습니다. 더 많이 거두면 다음날 벌레가 나서 썩었습니다. 그러나 6일째에는 시계처럼 정확하게 평소보다 2배를 거뒀고 썩지 않았습니다. 그 결과 그들은 7일째 하나님의 명령을 순종할 수 있었습니다. 이것은 초자연적인 일이지 자연적인 일이 아닙니다! 하나님께서 기적적으로 그들의 필요를 공급하셨던 것입니다. 그러나 이것 역시 일시적이었습니다. 40년간 광야에서만 지속되었던 것이지요.

딱 필요한 만큼만

> 또 이스라엘 자손들이 길갈에 진 쳤고 그 달 십사일 저녁에는 여리고 평지에서 유월절을 지켰으며 유월절 이튿날에 그 땅의 소산물을 먹되 그 날에 무교병과 볶은 곡식을 먹었더라 또 그 땅의 소산물을 먹은 다음 날에 만나가 그쳤으니 이스라엘 사람들이 다시는 만나를 얻지 못하였고 그 해에 가나안 땅의 소출을 먹었더라 여호수아 5:10-12

만나가 그쳤습니다. 지금 우리는 만나를 먹을 수 없습니다. "만나를 먹었다는 얘기가 성경에 나오는데 무슨 소리야? 나도 만나를 먹을 테다!"라고 해 봐야 소용없습니다. 그때 이스라엘 백성들은 만나 없이는 안 되는 상황 이었으며 그것과 동일한 상황이 아니라면 만나는 나타나지 않습니다. 만나는 그 때를 위한 일시적인 것이었기에 이제 누구에게도 만나는 나타나지 않을 것입니다. 만나는 그 때를 위한 기적이었고 그 시기는 지나갔습니다.

축복과 기적의 또 다른 차이점이 있습니다. 기적은 간신히 위기를 넘길 만큼만 주어진다는 것입니다. 기적은 결코 풍성하지 않습니다. 만나가 그랬습니다. 그래서 이스라엘 백성들은 모세에게 만나에 대해 원망했습니다. **"우리 마음이 이 하찮은 음식을 싫어하노라**(민 21:5)" 만나가 지겨워진 것입니다. 아침에도 만나, 점심에도 만나, 저녁에도 만나. 만나가 필요를 채워주긴 했으나 풍성함은 아니었습니다.

반면 약속의 땅은 어땠을까요? 그곳에서는 각종 과일과 고기를 먹을 수 있었습니다. 정탐꾼이 가져왔던 열매를 생각해 보세요. 포도송이가 너무 커서 장대에 매달아 두 명의 남자가 날라야 했습니다(민 13:23). 그 땅은 너무나도 풍성한 땅이었습니다! 그곳의 포도송이는 지금의 포도송이와 엄청나게 비교됩니다. 포도송이 하나가 사과만 했을지도 모르겠습니다. 약속의 땅이 얼마나 풍성했는지 상상이 되시나요?

하나님의 축복은 이렇듯 자연적('초자연적'의 반대 의미로/역자 주)인 것을 통해 옵니다. 자라날 시간이 필요합니다. 씨를 심고 잡초를 뽑아주고 물을 줘야 합니다. 이렇듯 축복은 노력이 필요하지만 기적보다 훨씬 더 풍성합니다.

기적은 일시적이다

오늘날 하나님의 사람들에게도 같은 패턴이 반복됩니다. 약속의 땅에 들어갈 때까지 이스라엘 백성들에게는 만나뿐이었습니다. 여호수아와 갈렙을 제외한 60세 이상은 전부 광야에서 죽었습니다. 그래서 약속의 땅에 들어간 사람들은 대부분 40년 기간 동안 광야에서 태어나고 자란 사람들이었습니다. 만나 외에는 먹어본 적이 없는 사람들이었습니다. 오직 기적으로 살아왔던 것이지요. 그래서 만나가 그쳤는데도 불구하고 다음날 만나를 구하러 나간 사람들이 있었던 것입니다. 평생 기적으로만 살아왔으니까요. 그들은 땅을 판 적도, 씨를 심은 적도 없었고 물을 주거나 잡초를 뽑은 적도 없었습니다. 인내로 수확을 기다린 적도 없었습니다. 그래서 이렇게 생각했을 지도 모릅니다. "설마 나한테 일을 하라는 건 아니겠지? 나는 믿음으로 사는 사람이야! 나는 초자연적인 기적을 믿는다고!" 글쎄요, 어쨌든 간에 그들에게 음식이 공급되는 기적은 끝났습니다. 그것은 일시적인 것이었기 때문입니다.

하나님은 우리가 기적으로 살기를 원치 않으십니다. 우리를 향한 하나님의 계획은 축복 가운데 사는 것입니다. 축복이 더 풍성합니다. 축복은 위기를 막아주는 반면 기적은 위기 때문에 오는 것입니다. 게다가 축복은 일시적이지 않고 영원합니다.

일단 하나님의 축복 안으로 들어가면 그것은 번복되지 않으며 사탄도 그것을 멈추게 할 수 없다는 것을 이 책의 후반부에서 설명할 것입니다. 하나님의 축복 안으로 들어가면 아무도 그 축복을 막을 수 없고 그 축복은 더욱 더 풍성해 집니다. 가나안 땅의 풍성함은 만나보다 훨씬 더 좋은 것이었습니다. 만나는 초자연적인 것이었고 하나님께서 공급하신 것이 맞지만 그것은 일시적이고 풍성하지 않았습니다.

하나님은 당신을 너무 사랑하시고 당신을 도와주시기 원하시기에 기적을 베풀어 주시지만 현재 기적이 필요하다는 사실 자체가 영적 또는 자연적 법칙을 위반했다는 뜻입니다. 하나님은 당신을 사랑하시고 당신을 살리기 원하십니다. 저 자신의 어리석음 때문에 수년간 겪은 위기 속에서도 하나님은 아내와 저에게 기적을 베풀어 주셔서 우리가 계속 살 수 있게 하셨습니다. 그러나 그 후로 하나님은 저에게 축복 안에서 사는 법을 가르쳐주셨습니다. 하나님의 법칙에 협조하는 방법을 알려주셨고 축복이 훨씬 더 풍성함을 보여주셨습니다. 그 결과 지금의 삶이 훨씬 더 좋습니다. 매번 기적으로 살던 그 시절로 돌아가고 싶지 않습니다.

기적을 경험해야 하는 사람들은 주님께 막 돌아온 사람이나 아직 축복 가운데 사는 법을 모르는 사람들입니다. 그들에게 기적이 필요한 이유는 아직까지는 그들의 마음이 하나님 앞에서 바르지 못하고 여전히 세상을 본받는 삶 가운데 있기 때문입니다. 그들은 기쁨 안에서 행하지 않습니다. 아직도 쓴 뿌리가 있고 용서하지 않는 마음을 가졌습니다. 그들은 영적인 법칙과 자연적인 법칙의 차이를 아직 모르기 때문에 하나님께서 기적을 주시는 것입니다. 할렐루야! 하나님의 법칙에 협조하는 방법을 아직 미처 모르는 사람들을 위해 기적이 있다는 것에 대해 하나님을 찬양합니다!

그러나 제가 지금까지 나눈 내용을 이해했다면 이렇게 기도하십시오. "하나님, 제가 앞으로는 기적이 전혀 필요 없는 사람이 되도록 도와주세요. 당신의 축복 속에 거하며 위기 없는 삶을 살기 위해 제가 알아야 할 것을 가르쳐주십시오. 그래서 제가 누리는 주님의 축복으로 기적이 필요한 사람들을 섬기는 주님의 도구로 쓰임받기 원합니다. 아멘."

11

선포된 은총!

> 여호와께서 주시는 복은 사람을 부하게 하고 근심을 겸하여 주지 아니하시느니라
> 잠언 10:22

하나님의 축복 없이도 재정적으로 형통할 수 있기는 합니다. 모든 시간과 에너지를 소진하면서 투 잡, 쓰리 잡을 가질 수도 있으니까요. 사기치고 속이면서 횡령을 할 수도 있습니다. 이렇게 하나님 밖에서 번영을 취하는 방법이 있긴 하지만 이것은 당신의 생명을 앗아갈 뿐입니다(잠 1:19). 이런 방법으로 부요를 취하는 것은 쓴 뿌리를 갖게 하고 화가 많은 사람이 되게 하며 피곤함과 스트레스를 가져다줍니다. 게다가 마귀가 당신의 삶에 들어오는 문을 열어 줍니다. 하지만 주님의 축복은 부요를 가져다주며 근심을 겸하여 주지 않습니다(잠 10:22).

하나님의 축복을 이해하면, 즉 하나님께서 우리에게 이미 주신 것들이 무엇인지 알고 거기에 접근하는 방법을 깨달으면 그것이 우리를 부요한 자로 만들어 줍니다. 저도 과거에 저 자신의 어리석음 때문에 아내와 빈곤하게 살았던 시기가 있었지만 그 이후로 하나님께서 가르쳐 주신 것들과 협력하는 방법을 배웠습니다. 지금은 미국 내 본부에서만 연간 4,000만 달러가 사용됩니다. 그리고 우리가 짓고 있는 바이블 칼리지 캠퍼스 건축에는 그 두 배의 재정이 필요합니다. 연간 1억 달러가 필요하단 소리지요. 그런 가운데에서도 책 등의 자료들을 무료로 나눠주고 있습니다. 물론 저희가 제안하는 가격이 있긴 하지만 우리 단체로 연락을 주는 사람들의 50%는 무료로 자료를 요청하며 우리는 그 자료들을 무료로 보내고 있습니다. 무료로 나누지만 재정의 축복은 계속됩니다!

하나님은 저에게 재정적으로 형통할 수 있는 방법을 알려주셨습니다. 뼈가 으스러지도록 일하는 것 말고 하나님의 방법을 통해 재정적의 형통을 누릴 수 있습니다. 가장 최근에 제가 확인해 본 바로는 우리 단체에 들어가는 비용을 한 시간 단위로 계산해 볼 때 매일 한 시간에 5000달러가 들어갑니다. 그렇지만 저는 밤잠을 설치지 않습니다. 오늘 오후에는 낮잠까지 잤습니다. 돈 걱정으로 잠을 못 자는 일은 없습니다. 이것은 하나님께 아무것도 아니기에 저는 걱정하거나 스트레스를 받지 않습니다. 이렇듯 주님의 축복은 당신도 부요하게 만들어 줄 것입니다!

"네가 먼저 선택하라"

하나님이 아브라함에게 하신 말씀을 생각해보십시오. **"내가 너로 큰 민족을 이루고 네게 복을 주어 네 이름을 창대하게 하리니 너는 복이 될지라(창세기 12:2)"**

내가 먼저 복을 받지 않으면 타인에게 복이 될 수 없습니다. 아브라함이 받은 복은 아브라함의 선함 때문이 아니었습니다. 창세기 12장 후반부를 보면 아브라함은 가뭄을 피하기 위해 애굽으로 내려갑니다(창 12:10-20). 그는 당시 60대였던 아름다운 아내 사라 때문에 죽임을 당할까 싶어 사라가 자신의 누이라고 거짓말을 합니다. 그래서 바로는 사라를 데려가 아내로 삼으려 했습니다. 그런데 이 사건으로 인해 하나님의 책망을 받은 사람이 누군지 아십니까?

> 여호와께서 아브람의 아내 사래의 일로 바로와 그 집에 큰 재앙을 내리신지라   창세기 12:17

아브라함은 같은 일을 그랄 왕 아비멜렉에게도 저지릅니다(창 20:1-18). 이번에도 하나님은 누구를 꾸짖으셨을까요? 아브라함이 아니라 그 왕이었습니다. 하나님은 왕의 꿈에 나타나 경고하십니다. "사라는 다른 사람의 아내다. 사라를 건드리면 너의 목숨을 거두겠다." 그래서 아비멜렉은 아브라함를 다그쳤습니다. "왜 너의 아내를 누이라고 했느냐?" 아브라함은 자신이 죽을까 두려워서 그랬다고 답합니다. 그런데도 하나님은 아비멜렉을 꾸짖으시고 아브라함에게는 종과 소떼, 양떼를 주셨습니다. 아브라함은 아내에 대해 거짓말을 했을 뿐만 아니라 어떤 면에서는 포주 노릇을 한 것입니다. 자신의 아내를 한 번도 아니고 두 번이나 다른 사람에게 넘겼는데 오히려 큰 부를 얻었습니다! 하나님은 아브라함에게 복을 주셨고 아브라함은 주님의 복을 받았습니다. 아브라함이 완벽하고 온전해서가 아니라 그가 자신은 축복 받은 자라고 믿었기 때문에 이 땅에서 가장 부유한 사람들 중에 하나가 된 것입니다.

아브라함은 자신이 축복 받은 자임을 믿었기 때문에 롯에게도 원하는 땅을 먼저 선택하도록 했던 것입니다(창 13:1-11). 삼촌과 조카사이였던 둘은 가축을 포함해 너무 많은 부를 소유했기 때문에 더 이상 함께 살 수가 없었습니다. 두 사람의 종들이 목축지를 놓고 싸우자 아브라함은 결단을 내립니다. "네가 먼저 선택하여라. 온 땅이 네 앞에 있다. 어느 쪽으로 가고 싶은지 정해라. 물이 좋고 초목이 무성한 요르단 계곡 쪽으로 가고자 하면 그렇게 하여라. 그것이 네 것이 될 것이고 나는 사막으로 가겠다. 만일 네가 사막을 원하면 나는 반대편으로 가겠다." 이것을 통해 아브라함이 하나님을 신뢰하고 있었다는 것을 알 수 있습니다.

어떤 상황에서도 형통할 것이다

가축을 방목하여 키워본 사람들은 땅이 얼마나 중요한지 잘 압니다. 그런 사람에게 "비옥하고 물이 많은 땅을 원하는가, 아니면 사막을 원하는가?"라고 물어본다는 것 자체가 이상한 것입니다.

저는 아브라함과 롯이 이 대화를 했던 바로 그 장소에 가본 적이 있습니다. 오늘날의 헤브론 근처인데 수풀 사이를 헤치고 몇 발자국 정도만 걸을 수 있는 곳입니다. 그러나 하나님께서 멸하시기 전 소돔과 고모라는 마치 에덴동산 같았습니다(창 13:10). 비옥하고 숲이 우거진 곳이었습니다. 아브라함은 롯에게 선택권을 주었고 롯은 당연히 좋은 땅을 택했습니다.

어떻게 아브라함은 이렇게 할 수 있었을까요? 그가 바라보고 있었던 것은 자연적('초자연'의 반대 의미로/역자 주)인 것들이 아니었기 때문입니다. 아브라함은 하나님이 그의 공급자이심을 알았고 하나님께 순종하고 있었습니다. 아브라함은 자신이 축복 받은 자라고 믿었기 때문에 이렇게 말할 수 있었던 것입니다. "네가 원하는 것을 먼저 골라라. 그래도 나는 계속 형통할 것이다."

이것을 오늘날에 비유하면 이렇습니다. 두 사람의 영업 사원이 판매 지역을 두고 선택해야 하는 상황인데 한 쪽은 누구라도 쉽게 돈을 벌 수 있는 곳이고 다른 한쪽은 아무도 성공한 적이 없는 곳입니다. 두 사원 중에 하나가 좋은 지역을 놓고 싸우는 대신 이렇게 말합니다. "자네가 먼저 선택하고 나는 남는 곳을 줘. 나는 축복받은 사람이야. 어떤 곳에서도 다른 누구보다 형통할 거야." 이 사람은 하나님을 자신의 공급자로 보고 있습니다. 자기 자신의 능력이나 자신의 노력을 바라보는 사람이 아닙니다.

창세기 13장에서 알 수 있는 것은 아브라함은 축복을 믿었고 그로인해 형통했다는 것입니다. 그 다음 장에서는 그의 집에서 나고 자라 군사로 훈련받은 318명의 종들을 데리고 네 명의 왕을 무찌른 이야기가 나옵니다. (아브라함 집에서 나고 자랐다면 그들의 부모도 있었을 것이고 또 그들에게 자녀가 있었을 경우 아브라함에게는 종이 1,000명 이상 있었을 것이라는 것이 저의 생각입니다.) 자기 집에서 태어난 종들을 데리고 전쟁에서 이긴 것입니다! 이 전쟁에서 거둬들인 전리품은 수백만 달러에 달하는 것이었습니다. 아브라함은 살렘 왕 멜기세덱에게 전리품으로 얻은 것의 십분의 일을 바쳤습니다. 그러자 소돔왕은 "우리 아내와 자녀만 돌려주고 물품은 네가 가지라"고 합니다. 이에 아브라함이 답합니다. "내가 하나님께 내 손을 들어 맹세한다. 네가 나를 부요하게 만들었다는 소리를 듣느니 네게 속한 것은 실오라기 한 가닥도 취하지 않겠다. 하나님이 나의 공급자이시다!" 정복자가 전리품을 취하는 것이 당연한 것이었지만 아브라함은 수백만 달러 가치의 물건들을 전부 돌려주었습니다. 그의 믿음이 하나님께 있었기 때문입니다(창 14:14-23). 아브라함은 자신을 부요하게 만들어 준 하나님의 축복을 믿었습니다(잠 10:22).

"자네, 어떻게 그럴 수 있나!"

하나님은 당신을 축복하실 거라고 말씀하셨습니다(신 15:6). 이것을 깨달으시길 기도합니다!

어려서 저는 내성적이고 부끄러움이 너무 많아서 사람들의 얼굴을 쳐다보지 못했습니다. 잘하는 것도 없었고 제가 뭔가를 할 수 있을 거라고 생각하지도 못했습니다. 1968년 3월 23일, 주님을 초자연적으로 경험하기 전에 저는 이미 거듭난 상태였습니다. 그러나 내가 축복받은 자이며 내가 손을 대는 것마다 형통할 것이라고 믿게 된 것은 그 이후였습니다(신 28:8). 시간이 좀 걸리긴 했지만 그 이후로 축복을 받기 시작했습니다. 저 자신의 어리석음 때문에 우리 부부가 거의 10여 년간 고생했지만 그 당시 우리가 가난 때문에 고생하고 있다는 것을 알아 챈 사람은 아무도 없었을 것입니다. 누구에게도 말하지 않았으니까요. 저는 가난한 사람처럼 말하거나 행동하지 않았고 축 처진 모습으로 다니지도 않았습니다.

실제로 장인어른조차 우리가 얼마나 고생하고 있었는지 전혀 몰랐습니다. 수년 전에 콜로라도스프링스의 건축이 완료되어 헌당 예배를 드릴 때, 저는 하나님께서 이루신 일에 대해 영광을 돌리기 위해 이런 이야기들을 조금 나누었습니다. 과거 가난했던 시절에 비해 은행 대출도 없이 건축했던 것을 간증한 것입니다. "제가 아니라 하나님께서 하셨습니다!" 그런데 그 자리에 계셨던 장인어른께서 나중에 저를 야단치셨습니다. "자네, 어떻게 그럴 수 있나! 그렇게 힘들었던 것을 알았더라면 도와줬을 텐데. 자네는 우리를 나쁜 부모로 만들었네!" 우리 가족들조차 우리가 가난 때문에 고생하고 있었다는 것을 전혀 몰랐습니다. 그 누구도 몰랐습니다. 우리 부부는 스스로를 축복받은 사람들이라고 믿었기 때문입니다. 그 축복을 눈으로 볼 수 없었을 때에도 말입니다.

제가 배우는 게 더뎌서 시간이 좀 걸렸지만 우리는 지금 많은 축복을 누리고 있습니다. 지금은 하나님의 영적인 법칙에 훨씬 더 잘 협력하고 있으며 그 결과 하나님의 축복은 초자연적으로 풍성하게 나타나고 있습니다. 그러나 고생했던 그 시절에도 우리 부부는 스스로를 축복받은 자라고 믿었습니다. 당신도 그것을 믿어야 합니다!

축복은 물질이 아니다

축복은 물질이 아닙니다. 축복은 하나님께서 우리에게 말씀으로 선포하신 은총favor 호의, 은혜입니다.

> 그리스도께서 우리를 위하여 저주를 받은 바 되사 율법의 저주에서 우리를 속량하셨으니 기록된 바 나무에 달린 자마다 저주 아래에 있는 자라 하였음이라 이는 그리스도 예수 안에서 아브라함의 복이 이방인에게 미치게 하고 또 우리로 하여금 믿음으로 말미암아 성령의 약속을 받게 하려 함이라
>
> 갈라디아서 3:13-14

아브라함이 받은 이 축복이 이제 우리의 것이 되었습니다. 하나님께서 주신 이 축복이 아브라함을 재정적으로 매우 형통하게 했지만 성경에서 축복이라고 할 때, 그것은 물질적인 것만 말하는 것은 아닙니다. 4,000년이나 된 아브라함의 장막이나 가축을 원하는 사람은 없을 테니까요. 이제는 썩어 부패하고 심지어 해골만 남은 것들을 누가 원하겠습니까! 오늘날 믿는 자들이 소유한 아브라함의 축복이란 우리에게 선포하신 하나님의 은총입니다.

하나님께서 동물들을 창조 하셨을 때, 그들에게 복을 주시며 말씀하신 것이 있습니다.

하나님이 그들에게 복을 주시며 이르시되 생육하고 번성하여 여러 바닷물에 충만하라 새들도 땅에 번성하라 하시니라
창세기 1:22

이렇듯 하나님은 말씀을 선포하심으로써 복을 주십니다.

하나님이 그들에게 복을 주시며 하나님이 그들에게 이르시되 생육하고 번성하여 땅에 충만하라, 땅을 정복하라, 바다의 물고기와 하늘의 새와 땅에 움직이는 모든 생물을 다스리라 하시니라
창세기 1:28

이것이 중요합니다! 축복은 물질이 아닙니다. 축복은 하나님께서 말씀으로 우리에게 선포하신 은총입니다.

그들은 당신을 두려워합니다!

성경이 무엇으로 가득한지 아십니까? 축복입니다. 하나님께서 선포하신 그분의 은총으로 가득합니다.

'축복', '복' 또는 '복되다' 등 복과 관련된 단어는 성경에 약 500번 등장합니다. 반면 기적은 37번 나옵니다. 물론 기적이라는 단어를 사용하지 않고 기적을 다룬 부분도 있습니다. 그러나 축복도 마찬가지입니다. 축복이란 단어를 사용하지 않고 축복에 대해 기록한 부분이 아주 많습니다. 이렇게 성경은 하나님의 축복으로 가득합니다. 우리에게 말씀으로 선포하신 하나님의 은총으로 가득합니다!

하지만 슬픈 현실은 지금의 문화에서는 우리가 내뱉은 말이 별 의미가 없다는 것입니다. 한 두 세대 전만 하더라도 사람들은 "맹세"라는 말로 자신의 말에 무게를 두었습니다. 언약의 의미로 악수를 했다면 약속을 어기는 것보다 차라리 죽는 것이 낫다고 여겼습니다. 반면 요즘 사람들은 언약을 하고 계약서를 만들고 새로운 법도 만들지만 다 무시하고 결국 자기가 하고 싶은 대로 합니다. 오늘날의 사람들에겐 말이 별 의미가 없는 것입니다.

대부분의 그리스도인들이 이런 문화에서 자랐습니다. 그래서 축복의 힘을 모릅니다. 축복 안으로 들어가는 방법은 믿음이기 때문에 축복의 능력을 믿지 않을 때 축복은 막힙니다(롬 5:2).

창세기 1장 28절의 축복에는 지상의 모든 동물들을 다스리는 권세가 포함되어 있습니다. 하나님께서 저와 여러분에게 모든 생물들을 다스리라고 말씀하셨습니다. 이것은 하나님께서 직접 하신 말씀인데도 동물을 두려워하는 사람들이 많습니다. 그러나 실상은 동물들이 우리를 두려워합니다!

> 하나님이 노아와 그 아들들에게 복을 주시며 그들에게 이르시되 생육하고 번성하여 땅에 충만하라 땅의 모든 짐승과 공중의 모든 새와 땅에 기는 모든 것과 바다의 모든 물고기가 너희를 두려워하며 너희를 무서워하리니 이것들은 너희의 손에 붙였음이니라   창세기 9:1-2

우리는 동물들을 다스릴 권세를 하나님께 받았지만 대부분의 그리스도인들은 그 권세를 행사하지 않습니다. 오히려 이것저것 두려워하는 것이 많습니다. 위의 성경 구절은 진리입니까, 아닙니까? 하나님은 모든 생물들이 우리를 두려워하고 무서워할 것이라고 말씀하셨는데 우리는 왜 동물들에게 겁을 먹을까요? 개를 두려워하십니까? 거미나 나방 같은 곤충들은 어떻습니까? 그런 것들을 두려워하는 이유는 우리가 하나님으로부터 축복을 받아 다스릴 권세를 가졌다는 것을 믿지 않기 때문입니다.

권세는 나에게 있다

저도 개를 두려워했었습니다. 오래전 일입니다. 새벽 5시쯤 조깅을 하고 있었는데 개떼들에게 쫓기다가 나무 위에 매달려 2시간 반 동안 내려오지 못했습니다! 마침내 7시 30분쯤 되어 누군가 그 개들을 쫓아주었습니다. 이렇게 개한테 물리기도 하고 쫓기기도 하는 등, 개에게 위협을 당하다가 마침내 이 진리를 붙잡게 된 것입니다. 지금은 내가 축복받은 사람이기에 권세는 나에게 있다는 것을 알고 있습니다.

이것에 대해 알아갈 때 저에게 크게 영향을 끼친 사건이 하나 있었습니다. 당시 콜로라도 트리니다드에서 집회를 인도하는 동안 한 지인의 집에 머물게 됐는데 잘 시간이 돼서야 그곳에 불독이 있다는 사실을 알게 되었습니다. 그래서 밤중에 화장실이라도 가고 싶으면 어떻게 되는 건지 집 주인에게 물어봤습니다. 그는 개가 저를 물지 않을 것이라고 했습니다.

그런데 장식장에는 그 개가 전투견으로 참가해 받은 트로피들이 여러 개 진열되어 있었습니다. 그는 제가 걱정하는 것을 알아차리고 이렇게 말했습니다. "이 개는 전투견이지, 맹견이 아니에요." 저는 맹견과 전투견의 차이가 뭔지 물어봤습니다. 저에게는 똑같은 말로 들렸거든요.

그러자 그는 자신의 집에 도둑이 들었던 사건에 대해 말해 주었습니다. 모두가 일하러 간 사이 도둑이 들었는데 그 개가 도둑을 공격해 바닥에 넘어뜨렸고 사람들이 돌아 올 때까지 몇 시간 동안이나 도둑의 팔을 물고 있었지만 피부를 상하게 하지는 않았다고 합니다. 도둑이 움직이려고 하면 으르렁 거리며 팔을 더 세게 물었지만 절대 다치게 하지는 않았다는 것입니다. 그것이 전투견입니다. 그 개는 그냥 못된 개가 아니었던 것입니다.

이 이야기를 들었을 때 갑자기 머릿속에서 불이 켜지는 것 같았습니다. 개에 대한 저의 두려움 때문에 하나님께서 주신 권세를 행사하지 못했다는 것을 깨달았습니다. 그러자 저의 태도가 확 바뀌었습니다. 이제는 개를 대할 때 완전히 다릅니다. 도베르만은 제가 가장 무서워했던 견종인데 실제로 조깅할 때 저를 위협하며 쫓아오던 도베르만을 오히려 제가 쫓았던 적도 있습니다. 물론 지혜롭게 해야지요. 가령 방금 새끼를 낳은 개에게 일부러 가서 영역을 침범하지는 않습니다. 그러나 일반적인 길에서 조깅을 하거나 산책을 하고 있는데 나를 공격하는 개가 있다면 그 개는 자신을 잘 방어해야 할 것입니다. 왜냐하면 권세와 능력을 가진 쪽은 저이기 때문입니다. 이러한 태도를 갖게 된 이후로 저에게 맞서는 개는 없었습니다. 다스릴 권세를 가진 쪽은 저입니다. 왜냐면 저는 이제 스스로를 축복받은 자라고 믿기 때문입니다. 아멘!

12

저주인가 축복인가

이삭의 두 아들 야곱과 에서는 실제로 축복을 놓고 싸웠습니다 (창 27:1-34). 이삭은 이제 나이가 많았고 죽을 날이 가까와 눈도 잘 보이지 않았습니다. 그는 첫째 에서에게 이렇게 말합니다.

> 이삭이 이르되 내가 이제 늙어 어느 날 죽을는지 알지 못하니 그런즉 네 기구 곧 화살통과 활을 가지고 들에 가서 나를 위하여 사냥하여 내가 즐기는 별미를 만들어 내게로 가져와서 먹게 하여 내가 죽기 전에 내 마음껏 네게 축복하게 하라
>
> 창세기 27:2-4

이삭은 아버지 아브라함의 축복을 받는데 그 축복을 에서에게 선포할 생각이었습니다. 그런데 이삭의 아내 리브가가 그 말을 몰래 듣고 야곱을 불러 이렇게 말했습니다. "얼른 가서

형의 옷을 입어라. 나는 어린 염소 새끼 두 마리로 네 아버지가 좋아하는 음식을 만들겠다. 그러면 아버지가 너를 축복하실 거야. 네 형이 털이 많으니 목에는 염소 가죽을 덮어라." 야곱이 에서인척 하려면 염소 털가죽이 필요하다니, 에서는 정말로 털이 많았나 봅니다!

에서가 사냥하는 동안 야곱은 이삭의 방에 들어가 에서인척 합니다. 이삭은 시력이 좋지 않아서 "음성은 야곱의 음성이나 손은 에서의 손이로다"하고는 에서 대신 야곱을 축복합니다.

"너는 누구냐?"

야곱이 축복을 받고 떠나자마자 에서가 음식을 가지고 들어왔습니다. "아버지여, 일어나서 아들이 사냥한 고기를 잡수시고 내게 마음껏 축복하소서."

그러자 이삭은 놀라서 이렇게 묻습니다. "너는 누구냐?"

"아버지의 맏아들, 에서입니다."

> 이삭이 심히 크게 떨며 이르되 그러면 사냥한 고기를 내게 가져온 자가 누구냐 네가 오기 전에 내가 다 먹고 그를 위하여 축복하였은즉 그가 반드시 복을 받을 것이니라   창세기 27:33

에서는 자신이 축복을 놓친 것을 알고 소리 내어 울기 시작했습니다. 그러자 이삭은 이렇게 말합니다. "네 아우가 와서 속여 네 복을 빼앗았도다."

혹시 아침에 집을 나설 때 아버지의 축복을 받기 위해 형제자매와 다퉈 본 적이 있으십니까? 아니면 그런 생각이라도 해 보셨습니까? 대부분 그런 것은 신경도 안 씁니다. "누가 나에게 무슨 말을 하던 그게 뭐가 중요해?" 그러나 말에 대해 성경에서 묘사하는 이러한 자세가 올바른 태도입니다. 우리 사회는 말에 가치를 두지 않지만 성경은 다음과 같이 말합니다.

> 죽고 사는 것이 혀의 힘에 달렸나니 혀를 쓰기 좋아하는 자는 혀의 열매를 먹으리라　　　　　　　　　　　잠언 18:21

죽고 사는 것 외에 다른 것은 없습니다. 죽고 사는 것, 둘 중에 하나입니다.

"이런 나쁜 놈!"

우리가 알고 있든 아니든 부모님의 말은 우리의 삶에 많은 영향을 끼쳐왔습니다. 사람들은 저주를 받은 채 집을 나서기도

합니다. "이 멍청아! 그러다가 뭐가 되겠니!" 친척이나 학교 선생님들한테도 저주를 들었을 것입니다. "어째 그렇게 멍청하냐!" 그런 말들은 저주이며 강력한 힘을 가지고 있습니다. 축복이 아닌 저주를 들었기 때문에 그로 인한 결과로 힘들어하는 사람들이 많습니다.

저의 가까운 친구 아버지는 너무나 심술궂은 분이었습니다. 그분을 뵌 적이 있기에 잘 압니다. 그분은 차 부품을 위해 고물차를 20-30대 정도 가지고 제 친구인 자신의 아들과 작업을 하곤 했습니다. 그분은 너무나 쓴 뿌리로 가득한 나머지 끝내 자살로 삶을 마감했습니다. 게다가 유서에는 가족들을 비난하면서 "다 너희들 때문이야."라는 말을 남겼습니다. 자신의 죽음에 대해 가족들이 죄책감을 느끼게 하려던 것입니다.

그분은 제 친구랑 차 작업을 할 때 이렇게 말하곤 했습니다. "이 멍청아, 너는 어떻게 나사 하나를 제대로 못 끼냐?" 실제로 저는 이 친구랑 여러 번 자동차 수리를 한 적이 있었는데 마흔 살이 넘은 친구가 나사를 끼면서 손을 덜덜 떨었습니다. 제대로 끼웠는데도 "아무래도 잘못 낀 것 같아."라면서 꼈다 뺐다를 반복했습니다. 저는 그 친구가 나사를 제대로 끼운 적을 한 번도 본적이 없습니다. 말로 선포된 저주 때문이었습니다.

혹시 "너는 할 줄 아는 게 아무것도 없구나!"라는 말을 들었습니까? 부모나 이전에 사귀었던 사람 또는 전 배우자에게 저주를 들었을 수도 있습니다. 저주란 당신에게 선포된 부정적인 말이며 말의 힘은 강력합니다. 죽고 사는 것이 혀에 달렸으니까요. 그런 경우, 문제는 당신이 저주를 받았다는 사실입니다. 말에는 능력이 있습니다!

난 믿지 않아

축복에도 능력이 있습니다. 게다가 축복은 저주보다 더 강력합니다만 그것을 믿어야 역사합니다. 물론 저주도 믿어야 역사합니다.

> 까닭 없는 저주는 참새가 떠도는 것과 제비가 날아가는 것 같이 이루어지지 아니하느니라 잠언 26:2

저주는 그것을 믿지 않고 두려워하지 않으면 아무런 힘이 없습니다. 두려움은 부정적인 것을 믿는 믿음이기 때문에 두려워할 때 자신에게 선포된 저주에 권세가 주어집니다.

인터넷에는 저를 비난하는 글이 수없이 많습니다. 최근에는 이런 말을 들었습니다. 어떤 분이 인도에 있는 지인들에게 저의 설교와 말씀을 들어보라고 추천했는데 그 사람들이 인터넷에서 저를 검색했답니다. 그러자 제가 미국에서 가장 위험한 사람이라는 둥, 온갖 비난 글을 본 것입니다. 이렇게 저를 저주하며 온갖 소리를 하는 사람들이 있습니다만 그래도 저에게는 아무런 효력이 없습니다. 제가 그런 말들을 믿지 않기 때문입니다(잠 26:2).

다른 사람의 말이 우리에게 영향을 주고 우리의 삶에 생명이나 사망을 가져오는 것은 우리가 그 말을 믿을 때만 가능합니다. 그렇기 때문에 부정적인 말과 저주에 영향을 받지 않을 수가 있습니다. 같은 이치로 하나님의 은총, 하나님께서 당신에게 선포하신 축복의 능력이 풀어지기 위해서도 그것을 먼저 믿어야 합니다. 문제는 대부분의 사람들이 축복의 능력을 믿지 않는다는 데 있습니다. 저주나 부정적인 것은 잘 믿습니다. 나쁜 예언들은 매번 받아들이지만 좋은 예언들은 쉽게 믿지 않습니다. 그래서는 안 됩니다!

하나님은 당신에게 수천가지의 축복을 선포해 놓으셨으며 당신은 그 축복들을 믿어야 합니다. 하나님은 모든 생물을 다 스릴 권세가 우리에게 있다고 말씀하셨기 때문에 우리가 동물에 대하여 권세를 가졌다는 사실을 믿을 수 있습니다(창 9:2). 바다로 갈 일이 있다면 상어, 물고기, 해파리 등 모든 바다생물에 대해 권세를 취할 수 있습니다. 어떤 사람들은 "글쎄, 나는 못 믿겠는데?"라고 합니다. 그러면 그들에게는 역사하지 않을 것입니다. 그러나 믿는 사람들에게는 역사할 것입니다!

축복 안에서 행하기

우리에게 선포된 축복 중에는 이런 것도 있습니다. "**그가 채찍에 맞음으로 너희는 나음을 얻었나니**(벧전 2:24)" 이 축복의 능력을 믿는다면 이것은 그대로 역사할 것입니다.

제가 목회하던 시절 우리 교회에서 안내를 맡던 분이 계셨습니다. 그는 항상 기쁨으로 가득했기 때문에 그분이 안내하는 모습을 볼 때마다 저도 좋았습니다. 그런데 그분이 2주정도 안 보여서 알아보니 폐렴으로 병원에 입원했는데 쉽게 낫지 않았답니다. 그래서 아내와 제가 병문안을 갔는데 그분은 치유의 능력을 믿는데도 낫지 않아 매우 낙심해 있었습니다. 폐에 담이 너무 많아서 숨쉬기 힘들어했고 말할 때도 기침이 계속됐습니다.

그런데 당시 하나님께서 축복의 능력과 말의 능력에 대해 저를 가르치실 때였습니다. 그래서 저는 "기도해 드리겠습니다."라고 하고 그분의 가슴에 손을 얹고 말했습니다. "가슴아, 예수님의 이름으로 명한다. 너는 축복 받았다. 너를 건강으로 축복한다. 폐 속에 가득 찬 것을 저주한다. 예수 이름으로 명령한다. 지금 당장 나와!" 그러자 그분은 심하게 기침을 했고 폐 속에 있던 담을 전부 뱉어냈습니다. 그리고 대략 10분 뒤에는 완전히 정상이 되었습니다. 이것이 축복의 능력입니다! 그러나 이 능력은 믿는 자에게만 역사합니다.

> 내가 진실로 너희에게 이르노니 누구든지 이 산더러 들리어 바다에 던져지라 하며 그 말하는 것이 이루어질 줄 믿고 마음에 의심하지 아니하면 그대로 되리라 마가복음 11:23

우리는 말의 능력을 믿어야 합니다. 하나님의 축복에는 능력이 있다는 것을 믿어야 합니다. 하나님은 우리에게 축복할 수 있는 능력과 창조의 능력을 주셨습니다. 그러나 그 능력이 역사하려면 먼저 믿어야 합니다. 역사하나 안하나 보려고 그냥 말해 보는 것이라면 역사하지 않을 것입니다. 그러나 당신의 말에 믿음을 합한다면 그 말에는 창조적인 능력이 나타날 것입니다(히 4:2). 당신도 축복할 수 있습니다!

하나님은 모든 것을 시작하신 분이십니다. 이 모든 것을 창조하셨습니다. 하나님은 당신에게 축복을 선포해 놓으셨으며 축복은 강력한 것입니다. 일단 축복 안에서 행하기 시작하면 사탄도 그것을 막을 수 없습니다. 한번 주어진 것은 영원하고 풍성하기 때문입니다. 하나님의 축복 안에서 살게 되면 그것은 당신의 인생을 바꿀 것입니다. 그것은 더 이상 어떤 기적도 필요 없는 삶입니다. 물론 다른 사람들에게 기적이 일어날 것을 기도할 수 있지만 그것은 그들이 아직 하나님의 축복 안에서 사는 법을 모르기 때문입니다. 기적은 믿지 않는 사람들을 위한 것이라고 생각할 것이고 당신은 하나님의 축복 안에서 행하게 될 것입니다!

원래 그래야 되는 것

1970년대에 멜 태리Mel Tari가 집필한 "급하고 강한 바람처럼Like a Mighty Wind"이라는 책은 큰 인기를 끌었습니다. 인도네시아를 휩쓸었던 대 부흥에 관한 내용이었는데 죽은 자들이 살아나고 물이 갈라져 마른 땅을 걷는 기적이 일어났습니다. 그 책에는 여러 기적들이 상세히 소개되었는데 그래서인지 당시 멜 태리는 주님의 몸 된 교회에서 가장 유명한 사람이었습니다. 그는 전 세계를 순회하며 말씀을 전했고 저도 그가 간증하는 것을 직접 들어 본 적이 있었습니다.

7년쯤 지나 그는 두 번째 책 "예수님의 부드러운 바람"(국내에서는 "급하고 강한 바람처럼 2"로 출간 됨/역자 주)이 나왔습니다. 인도네시아의 대 부흥 이후를 다룬 내용이었는데 대 부흥이 있고 7년쯤 지나자 교회에서는 기적을 거의 볼 수 없었다고 합니다. 그 전에는 죽은 자가 살아나고 소경이 눈뜨는 기적이 거의 모든 예배 중에 있었는데 말입니다.

처음에는 저도 '아, 그러면 안 되는데. 다른 부흥과 같은 절차를 밟는구나. 7년 만에 사그라들다니.'라고 생각했습니다. 그런데 계속 읽어보니 기적을 경험했던 사람들이 전도 여행을 갔던 외지 마을에서는 동일한 기적이 일어나고 있다고 했습니다. 기적이 더 이상 일어나지 않았던 이유는 그리스도인들이 전부 너무나 축복을 받았고, 치유되고, 형통해져서 더 이상 기적이 필요 없었기 때문입니다. 이제 기적은 믿지 않는 사람들에게 일어나고 있었는데 원래 그래야 되는 것입니다.

예수님은 기적을 마치 식사시간을 알리는 종처럼 사용하셔서 사람들로 하여금 하나님의 능력과 구원의 메시지를 듣게 하셨습니다. 그러나 믿는 자로서 우리들은 하나님의 축복 안에 행하여서 병이 들거나 절망적인 상황에 처하지 않아야 합니다. 위기를 넘기면 또 다른 위기, 절망적인 상황이 지나가면 또 다른 절망, 이런 식으로 살아서는 안 됩니다. 우리는 항상 정상에서 기뻐하며 사는 것이 맞습니다.

우리는 하나님께 축복이나 기적, 둘 중에 하나를 받을 수 있습니다. 저는 기적의 연속이 아니라 하나님의 축복으로 사는 것을 택하겠습니다.

저주를 끊어라

"하나님, 채워 주시옵소서!"라고 기도하는 사람에게 주님은 축복을 하시려는데 기적만 기다리고 있다면 어떻게 되겠습니까. 하나님의 법칙은 모두 어기고 하나님이 명하신 일은 하지 않으면서 기적만을 바라보고 있습니까? 하나님의 말씀에 협력하지 않기 때문에 기적이 필요한 것입니다. 하나님의 축복 안에 있지 않을 테니까요. 교회 안에도 형통한 사람들이 있고 형통하지 않은 사람들이 있는 데에는 이유가 있습니다. 그래서 하나님의 축복에 관한 이러한 진리를 아는 것은 매우 중요합니다!

"아버지, 성령님께서 우리가 이것을 이해하도록 도우시기를 기도합니다. 계속되는 위기 가운데 살고 있는 사람들을 위해 기도합니다. 비록 지금은 영적인 법칙과 자연적인 법칙 그리고 감정적 법칙을 어기며 하나님의 말씀대로 하지 않으면서 기적을 믿고 있지만 이 진리를 그들의 마음 가운데 말씀하시길 기도합니다. 꼭 그런 방식일 필요는 없다는 것을 깨닫게 하소서. 거기서 머물 필요도 없으며 그들도 하나님께서 당신의 말씀을 통해 이미 그들에게 선포해 놓은 하나님의 축복과 은총 안으로 들어설 수 있다는 것을 알게 하소서. 그들의 눈이 열려 이 놀라운 진리를 보게 하시고 우리에게 이미 주신 지극히 크고 보배로운 약속들을 보게 하소서(벧후 1:4). 우리는 근근이 살며 항상 고생하지 않아도 되니 아버지께 감사를 드립니다. 당신의 축복 속에서 행하는 방법을 보여주시니 감사합니다!"

혹시 당신의 삶에도 저주가 역사하고 있습니까? 그 저주를 믿어 그 저주에 권세를 부여한 장본인은 바로 당신이라는 사실을 성령님께서 보여주고 계십니까? 당신에게 그 부정적인 말, 저주를 했던 사람은 전 배우자나 부모님, 또는 친척이나 선생님, 직장 상사일수 있습니다. 그리고 알면서 일부러 그런 것은 아니지만 당신은 두려워함으로써 그 말에 권세를 부여했습니다. 그 말들은 상처가 되었고 당신은 그 부정적인 말들을 계속 되뇌었습니다. 결국 그 말들은 당신 안에서 자기실현적인 예언이 되었습니다.

물론 그러한 저주를 좋아하지는 않을 것입니다. 분명히 싫어할 것입니다. 그럼에도 불구하고 당신은 두려움을 통해 그 저주에 권세를 부여했습니다. 그리고 그러한 일들이 벌어지도록 놔두었습니다. 하나님은 당신의 삶 가운데 역사하는 그 저주를 끊기 원하시며 당신을 대적해 일어나는 그 일들을 멈추시길 원하십니다. 그러나 그 저주를 파기하고 정죄해야 하는 당사자는 바로 당신입니다(사 54:17). 이렇게 선포하십시오. "더 이상 저주가 나를 지배하지 못한다. 나는 하나님의 축복을 받았다!"

예수님 감사합니다!

　지금 이렇게 소리 내어 기도해 봅시다!

　아버지 진리를 열어 보여주시니 감사합니다. 저주에 권세를 부여했던 저를 용서해주세요. 그들의 말을 믿은 저를 용서해주세요. 하나님은 저에 대해 놀라운 것들을 말씀해 주셨는데도 상처받고 실족했던 저를 용서해주세요. 주님은 저를 축복하셨습니다. 저는 세상 그 누구보다도 축복 받은 사람입니다(신 7:14). 이 저주와 부정적인 말이 저를 지배하도록 허락한 것을 용서해 주십시오. 이제 그리스도 예수 안에 있는 나의 권세를 취하여 이 모든 저주에게 사망을 선포합니다. 다른 사람들이 나에게 선포한 저주와 내가 나 자신에게 선포한 저주를 예수님의 이름으로 더 이상 나에게 머물지 못하게 하겠습니다. 예수님의 이름으로 이 모든 저주를 끊습니다. 내게 능력주시는 그리스도를 통하여 나는 모든 것을 할 수 있습니다(빌 4:13). 주님은 항상 그리스도 예수 안에서 나를 승리하게 하십니다(고후 2:14). 나는 위에만 있고 아래에 있지 않습니다. 나는 머리이며 꼬리가 아닙니다(신 28:13).

　그동안 저에게 선포된 모든 부정적인 말들, 의사, 변호사에게 들은 말, 은행에서 들은 말 중에서 모든 사망의 말에 담긴 저주를 끊습니다. 예수님의 이름으로 이러한 저주를 파쇄하며 더 이상 나를 지배하지 못하도록 그 모든 말들을 거절합니다. 오직 아버지께서 저에 대해 하신 말씀만 믿습니다. 주님의 축복이 그 어떤 저주보다 강력하기에 믿음으로 그 축복들을 지금 풀어 놓습니다. 주님만을 믿습니다. 주께서 저에 대해 하신 말씀만 믿습니다. 이제부터 저는 주님의 축복을 받은 자입니다(시 115:15). 주님의 축복이 저를 부요케 하며 주님은 거기에 근심을 더하지 않으십니다(잠 10:22). 나는 들어가도 복을 받고 나가도 복을 받습니다(신 28:6). 저의 광주리와 창고도 축복을 받았습니다(신 28:5). 내가 손대는 것마다 복을 받는다 하시니 감사합니다(신 28:8). 감사합니다, 예수님!

  나는 하나님의 축복을 선포하고 저주를 끊는다. 저주는 끝났다. 이제 내 삶에 저주는 지나갔고 지금부터 축복이 시작된다. 나는 이 모든 것을 예수님의 이름으로 선포한다. 아멘. 할렐루야!

13

어떤 일이 일어나든 상관없습니다

지금까지 나눈 내용을 함께 복습해 봅시다.

많은 성도들이 하나님의 최선이 아닌 것에 만족하며 하나님의 최선에 대해서는 생각조차 하지 않습니다. 하나님의 최선이 아닌 것에 안주한다면 하나님의 최선은 절대 경험할 수 없습니다. 타협하려는 마음, 안전하려는 욕구, 믿음의 도전을 하지 않으려는 마음은 하나님의 최선을 받아 누리는데 방해가 됩니다.

하나님의 최선을 받아 누린다는 것은 주님을 일하시게 하는 것이 아닙니다. 교회는 지금 잘못된 것을 믿고 있습니다. 하나님은 무엇이든 하실 수 있지만 이루어 놓으신 일이 없기 때문에 간구하고, 애걸하고, 매달리는 등, 어떻게라도 해서 하나님을 움직이시도록 만들어야 한다고 믿는 것입니다. 그것을 보통 "하나님을 움직이는 믿음"이라고 표현하는데 믿음은 하나님을 움직이지 않습니다. 하나님은 은혜로 이미 움직이셨고 우리의 믿음은 하나님께서 은혜로 이미 공급해 놓으신 것을 사용할 뿐입니다. 이것은 삶을 변화시킬 만한 진리입니다!

우리는 두 가지 방법 중에 하나를 통해 하나님의 공급하심을 얻을 수 있습니다. 하나는 축복이고 하나는 기적입니다. 기적은 자연 법칙을 대체 또는 중지시키는 것이기에 하나님의 최선은 아닙니다. 자연법칙을 만드신 분이 하나님이시고 하나님은 그것이 좋다고 말씀하셨으니까요. 하나님은 이러한 영적인 법칙과 자연적인 법칙에 협력하여 사는 법을 우리가 배우기를 원하십니다. 이러한 법칙들을 어길 때, 우리는 위기에 처하게 됩니다. 기적이 일어날 수도 있지만 그러려면 이미 위기 상황에 처해 있어야 합니다.

축복은 기적을 예방합니다. 기적은 절대 축복처럼 풍성하지 않습니다. 만나(기적)는 필요를 채울 만큼만 주어졌지만 약속의 땅(축복)은 풍성했습니다. 기적은 일시적일 뿐입니다. 하나님은 오랜 시간동안 자연법칙을 거스르지 않으시기 때문입니다. 그러나 축복은 한번 주어지면 되돌릴 수 없습니다.

진짜 자산!

축복은 물질이 아닙니다. 사람들은 이렇게 말합니다. "그 차는 정말 축복이네.", "이 집은 정말 축복이야." 우리가 소유한 것들은 하나님의 축복에서 결과적으로 나온 것들이지 축복 그 자체는 아닙니다. 갈라디아서 3장 14절은 아브라함의 축복이 믿음을 통해 우리에게 주어졌다고 합니다. 그런데 저는 아브라함이 소유했었던 물건을 원하지는 않습니다. 아브라함이 가지고 있었던 오래된 장막이나 가축들은 원치 않습니다. 제가 원하는 것은 그러한 풍성함을 낳은 하나님의 은총입니다. 저는 아브라함에게 말씀으로 선포하신 하나님의 은총을 원합니다. 여기에서, 축복은 물질이 아니라는 것을 기억하는 것이 중요합니다.

물질적인 것들을 보며 "난 축복받았어! 이 축복들을 좀 봐!"라고 생각합니까? 물질은 물리적인 영역에 속해 있기에 마귀가 영향을 끼칠 수도 있습니다. 물질은 있다가 없기도 하고 없다가 있기도 합니다. 경제상황도 변하고 당신의 재산도 등락을 반복합니다. 저 역시 하나님께서 우리 단체에 허락하신 건물들과 물질로 인해 하나님께 감사드리지만 그렇다고 해서 그런 물질들이 하나님의 축복은 아닙니다. 그 물질들은 저의 삶에 임한 하나님의 축복이 결과적으로 나타난 것들입니다. 그 물질들도 하나님께서 안전하게 지켜주시겠지만 그래도 어쨌든 물질일 뿐입니다. 그래서 혹시라도 그 물질들에 어떤 일이 일어나더라도 문제없습니다. 그것은 나에게 임한 하나님의 은총에 영향을 미치지 못하기 때문입니다. 무슨 일이 일어나서 모든 것을 잃는다 해도 저에게 임한 주님의 축복 때문에 물질적인 것들은 다시 얻게 될 것입니다. 그것은 시간문제입니다.

말하자면, 황금알을 낳는 거위를 가진 셈입니다. 황금알 한 개가 없어졌다고 누가 신경이나 쓰겠습니까? 저에겐 거위가 있는데요! 황금알은 계속해서 나올 것입니다. 차가 조금 긁혔다고 덜덜 떠는 사람들은 잘못된 것을 믿고 있는 것입니다. 물질을 바라보고 있는 것입니다. 그 차를 가져다 준 것은 하나님의 은총입니다. 물질을 가져다주는 것은 하나님의 은총이니까요. 그것이 바로 진짜 자산입니다!

망가진 차

아주 예전에 일주일에 차를 두 대나 사야 했던 적이 있었습니다. 그리고 그 주에 저희 집에 고칠 것이 있어서 손재주가 좋은 친구를 데려왔습니다. 저희 집은 경사진 높은 곳에 위치해 있었고 그때는 눈도 온 상태였습니다. 심하게 경사가 진 차로에 4인치나 쌓인 눈 때문에 새로 산 차가 고전을 했습니다. 올라가는 중에 잠시 멈추기도 했지만 뒤로 미끄러지진 않았습니다. 그 모습에 친구는 매우 놀랐습니다!

수리가 다 끝나고서 저는 그 친구에게 우리가 타고 온 차 보다 다른 차가 더 힘이 좋다고 했고 그 친구는 궁금해 했습니다.

"어떤지 한번 보고 싶네!"

"좋지. 내려 갈 때는 그 차로 태워다 주겠네." 그런데 제가 후진하다가 새로 산 그 차로 새로 산 다른 차를 박았습니다. 한 주에 차를 두 대 구입했는데 바로 그 주에 한 대로 나머지 한 대를 박은 것입니다!

친구가 하얗게 질려서 이렇게 말했습니다. "세상에, 어떡하지!"

"그래봐야 그냥 차일뿐인데. 괜찮아."

"그래도 완전 새 차들인데!"

"그냥 차일뿐이야. 괜찮다니까. 그냥 기계일 뿐이야."

또 한 번은 이런 일이 있었습니다. 그 때도 새로 산 차를 몰고 제가 목회하던 교회로 갔었습니다. 그 차를 몰고 간 것은 처음이었는데 한 여성도가 후진을 하다가 제 차를 박아서 차체가 푹 들어갔습니다. 그 차 주인이 저라는 것을 알게 되자 그 분이 얼마나 미안해하는지 표정만 봐도 알 수 있었습니다. "제가 목사님 새 차를 박다니요!" "너무 미안하게 생각하지 마세요. 그냥 차일 뿐, 괜찮습니다."

어떤 사람들은 누군가 자신의 물건을 상하게 하면 마치 자신의 마음을 상하게 한 것처럼 반응하는 경우가 있습니다! 기분까지 완전 망가져버리는 것이지요. 그 이유는 잘못된 곳에 믿음을 두었기 때문입니다. 우리의 믿음을 주님께 두면 우리의 소유물에 어떤 일이 일어나든지 상관없습니다. 그런 것들은 단지 물건일 뿐이니까요.

"단지 물건이야"

2002년에는 대규모 산불로 인해 주정부로부터 대피명령이 떨어진 적이 있었습니다. 산불은 거의 14만 에이커(1억 7천만 평)를 태웠고 저희 집에서 1마일 떨어진 곳까지 태웠습니다. 대피명령이 떨어졌던 것이라서 우리 동네 사람들은 집이 다 타버릴 것을 예상하여 이삿짐 트럭에 짐을 전부 실었습니다. 아내와 저는 우리 집을 놓고 기도하고 축복했으며 불길이 우리 집에 가까이 오지 못하도록 명령했습니다. 그리고 실제로 가까이 오지 못했습니다. 우리 집에서 보면 그 지역에 불이 났었다는 것을 알 수 없을 정도입니다. 하나님께서 우리를 보호하신 것입니다.

물론 우리도 중요한 서류나 사진 같이 대체할 수 없는 것들은 챙겨 나왔지만 우리 동네 사람들처럼 이삿짐 트럭에 짐을 가득 싣지는 않았습니다. 몇 가지만 차에 싣고 나왔습니다. 차로 집을 나설 때 아내가 이렇게 말했습니다. "우리는 안전하게 보호받고 있고 하나님께서 우리 집을 보호하실 거라 믿어요. 당신의 기도에 저도 합심합니다. 그러나 저 집과 그 안에 있는 것들은 그냥 물건들일 뿐이에요. 전부 다 잃는다 해도 저 물건들을 하나씩 사면서 즐거웠으니까 또 다시 사야 한다면 또 즐거울 거예요." 이 얼마나 훌륭한 자세입니까! 저에게 이런 아내를 허락하신 하나님께 감사드립니다.

사실 그 집은 우리가 꿈에 그리던 집입니다. 원래 있던 집을 산 것이 아니라 제가 설계해서 지은 집입니다. 또한 아내는 자신이 원하던 대로 모든 것을 꾸몄지요. 집안 어딜 가나 아내의 손길로 가득했습니다. 그럼에도 불구하고 물건은 물건일 뿐입니다. 여러분도 그러한 시각으로 물건을 대해야 합니다.

물건이 하나님의 축복은 아닙니다. 축복의 결과입니다. 모든 것이 없어진다 해도 저는 여전히 하나님의 축복을 받은 자입니다. 그리고 원수가 앗아간 물건에 대해서는 이자까지 얹어서 모두 되찾을 것입니다. 아멘!

> 들키면 칠 배를 갚아야 하리니 심지어 자기 집에 있는 것을
> 다 내주게 되리라   잠언 6:31

사탄이 제 것을 앗아가면 저는 그에게 이자까지 물게 만들 것입니다!

사기를 당한 경험

저희가 처음에 책을 출판할 때는 돈이 하나도 없었습니다. 그래서 후원자들에게 예약 판매하는 방식으로 재정 문제를 해결했었습니다. 책 1만 권을 인쇄하는데 27,000달러가 필요했는데 당시 우리 단체 한 달 수입이 약 5,000달러 정도라 재정적 여유가 없었지만 후원자들을 통해 인쇄에 필요한 추가 재정을 모을 수 있었습니다. 그래서 모인 돈을 전부 출판사에 보냈는데 알고 보니 우리와 계약을 체결한 사람은 출판사 대리인이었고 그가 돈을 횡령했습니다. 그는 잘 알려진 다른 두 곳의 선교단체에도 더 많은 액수를 사기 친 사람이었습니다. 모두가 그 사람에게 사기를 당했던 것입니다.

저희 직원들이 와서 이렇게 말했습니다. "이 사람에게 보낸 27,000달러가 전부 날아갔어요. 돈을 가지고 출국했다고 합니다." 우리가 잃은 돈은 27,000달러였지만 알고 보니 사실 그만큼의 책을 인쇄하려면 47,000달러가 필요했습니다. 그것을 전부 합하면 사기 당한 27,000달러에 앞으로 필요한 47,000달러까지 총 74,000달러였습니다. 그렇게 74,000달러가 날아간 것인데 그것은 우리 단체의 15개월 수입에 달하는 액수였습니다!

그때 저는 화가 나기 시작했지만 순간 잠언 6장 31절이 생각났습니다. 저는 그 구절을 취해 이러한 결론을 내렸습니다. "이것은 마귀가 내 것을 앗아 가려고 하는 것이다!" 나는 74,000달러에 7을 곱하고 이렇게 선언했습니다. "올해 이 금액만큼 다시 되찾는다!" 그래서 어떻게 되었을까요? 그해 그 액수만큼 수입이 증가했습니다. 그때까지 저에게 있었던 일 중에 최고의 일이었습니다! 이렇게 자신을 축복받은 자라고 믿는 사람들에게는 어떤 일이 일어나든 상관없습니다. 하나님의 축복은 물질이 아니기 때문입니다. 축복은 하나님께서 말씀으로 당신에게 선포해 놓으신 은총이며 그 무엇도, 그 누구도 그것을 빼앗아갈 수 없습니다!

14

되돌릴 수 없는 축복

이스라엘 자손이 또 길을 떠나 모압 평지에 진을 쳤으니 요단 건너편 곧 여리고 맞은편이더라 십볼의 아들 발락이 이스라엘이 아모리인에게 행한 모든 일을 보았으므로 모압이 심히 두려워하였으니 이스라엘 백성이 많음으로 말미암아 모압이 이스라엘 자손 때문에 번민하더라　　　민수기 22:1-3

모압 왕 발락은 하나님의 백성 때문에 번민했습니다. 이스라엘 백성이 모압 주변 국가들과 싸워 이겼기 때문입니다(민 21:21-35, 창 19:30-38).

미디안 장로들에게 이르되 이제 이 무리가 소가 밭의 풀을 뜯어 먹음 같이 우리 사방에 있는 것을 다 뜯어먹으리로다 하니 그 때에 십볼의 아들 발락이 모압 왕이었더라 그가 사신을 브올의

아들 발람의 고향인 강가 브돌에 보내어 발람을 부르게 하여 이
르되 보라 한 민족이 애굽에서 나왔는데 그들이 지면에 덮여서
우리 맞은편에 거주하였고 우리보다 강하니 청하건대 와서
나를 위하여 이 백성을 저주하라 내가 혹 그들을 쳐서 이겨 이
땅에서 몰아내리라 그대가 복을 비는 자는 복을 받고 저주하는
자는 저주를 받을 줄을 내가 앎이니라   민수기 22:4-6

모압 사람들은 이스라엘이 그들도 정복할까봐 두려워졌습니다. 그래서 모압 왕 발락은 발람에게 사람을 보내어 모압이 전쟁에서 이길 수 있도록 이스라엘 백성을 저주해달라고 했습니다. 이것은 현대사회를 살아가는 우리들에게 매우 어리석은 일로 보입니다. 우리는 그런 일을 미신으로 간주하니까요. "누가 누구를 저주하든 무슨 상관이겠어. 누군가 축복을 말하고 저주를 말한다고 전쟁에 이기고 진다는 것이 말이나 되나?"라고 반문합니다. 그러나 성경 속 인물들은 그렇게 생각했고 그들의 생각이 맞습니다.

우리 삶에 실제로 영향을 끼치고 있는 것

오늘날 대부분의 사람들이 말을 우습게 생각합니다. 아무렇

게나 함부로 말하면서 다른 사람들을 말로 저주하기도 합니다. 그러면서 자신들의 말은 별 게 아니라고 생각합니다. 또 전염병으로 인한 대재앙이 온다면서 미리 결론을 내려놓습니다. '조심하는 것이 좋아. 미리미리 경고하는 것은 좋은 거야.'

허리케인 카트리나 이후로 콜로라도주 볼더시에 있는 기상센터는 매년 심각한 허리케인을 예보합니다. 그 이후로 매년 15개 정도의 엄청난 허리케인이 올 거라 예보하면서 항상 "올해"가 가장 최악의 해가 될 거라 했지만 지금까지 그런 일은 발생하지 않았습니다. 사실 카트리나 이후로 이 지역에 이름이 붙을 정도로 강한 허리케인은 몇 번 없었습니다. 그런데 일기예보가 틀렸음에도 불구하고 사람들은 생각을 바꾸지 않습니다. '뭐, 안 일어난 건 다행이지만 조심해서 나쁠 것은 없지.' 그것은 다행이 아닙니다. 보험료는 기상센터 예측에 의해 올라간다는 사실을 모르십니까? 이러한 예측 때문에 보험이 아예 취소되거나 돈을 더 많이 내야 하는 사람들도 있습니다. 그런데 우리는 그런 것들을 그냥 받아들입니다. 사람들은 저주를 말하고 있으며 그것은 다른 사람들에게 영향을 미치고 있는데도 말입니다.

이러한 저주 섞인 예측 때문에 파산하는 사람들도 있습니다. 광우병에 대한 예측이 나오기 시작했을 때 영국에서는 연기가 솟아오르는 것을 쉽게 볼 수 있었습니다. 수천수백 마리의 소를 쌓아 놓고 불태웠던 것입니다. 그렇게 소라는 소는 모조리 도살하면서 '우리는 조심하고 있는 것뿐이야.' 라고 생각했습니다. 그런데 그러한 생각이 수많은 사람들을 파산시켰습니다. 그들이 키우던 소는 한 마리에 수천 달러에 달했고 정부는 소 값의 아주 일부만 보상했을 뿐입니다. 결국 그 사람들은 자신들이 투자했던 것을 모두 잃었습니다! 암울한 "예측"이 사람들을 망하게 했고 그들의 삶을 황폐하게 만들었습니다. 그런데 중요한 것은 광우병에 관한 소문은 사실이 아니었단 것입니다.

오늘날의 사회는 성경의 인물들이 말에 대해 가졌던 올바른 그 태도를 갖고 있지 않습니다. 말은 중요합니다. 우리는 축복을 할 수도 있고 저주를 할 수도 있습니다. 만약 오늘날 어떤 나라가 미국을 공격할 거라고 경고해서 미국 대통령이 누군가에게 적국을 저주하라고 했다면 사람들은 뭐라고 생각할까요? '이렇게 미신적일수가. 그렇게 한다고 무슨 일이 있겠어?' 라고 생각할 것입니다. 그러나 말에는 힘이 있습니다. 그 말을 믿는다면 말입니다. 대부분의 사람들이 이런 것을 믿지 않기 때문에 역사하지 못한 저주도 있습니다. 그러나 문제는 그런 태도가 축복도 막는다는 것입니다. 성경말씀은 사람이 하는 말에는 권능이 있다고 가르치고 있으니까요.

죽고 사는 것이 혀의 힘에 달렸나니 혀를 쓰기 좋아하는 자는 혀의 열매를 먹으리라   잠언 18:21

말은 세상의 모체

예수님께서 무화과나무를 말씀만으로 죽게 하신 것을 보자 제자들은 심히 놀랐습니다(막 11:12-14, 20-21). 예수님은 무화과나무에 손도 대지 않으셨습니다. 아무 것도 하지 않으셨습니다. 물리적으로 힘을 가해서 나무가 죽었다면 그것은 누구에게도 문제가 되지 않았을 것입니다. 선포된 말만으로 나무를 죽일 수 있다고 한다면 대부분의 사람들이 이상하다고 생각할 것입니다. 그런데 예수님은 제자들에게 이렇게 말씀을 하십니다.

예수께서 그들에게 대답하여 이르시되 하나님을 믿으라 내가 진실로 너희에게 이르노니 누구든지 이 산더러 들리어 바다에 던져지라 하며 그 말하는 것이 이루어질 줄 믿고 마음에 의심하지 아니하면 그대로 되리라   마가복음 11:22-23

그분의 말씀이 어떻게 무화과나무를 죽게 했는지 예수님께서 제자들에게 설명해 주신 것입니다. 이런 일은 역사하지 않는다고 사람들은 생각합니다. 그들의 마음에 의심이 있기 때문입니다. 산이 움직이지 않는 유일한 이유는 아무도 그러한 믿음을 가지고 있지 않기 때문입니다. 그럼에도 불구하고 그렇게 할 수 있는 힘이 말에 있습니다!

말은 이 세상을 창조했습니다(히 11:3). 말이 세상의 모체母體입니다. 그래서 이 땅의 모든 것이 말에 반응합니다. 당신의 몸, 암세포, 질병 등 모든 것이 말에 반응합니다. 만약 당신이 마음에 믿고 의심하지 않는다면 말입니다. 이것이 말에 대한 올바른 태도입니다. 말은 강력하며 무화과나무의 예는 하나님께서 말을 얼마나 진지하게 여기시는지 잘 보여줍니다.

"절대 저주하지 말라!"

발락 왕은 발람으로 하여금 이스라엘을 저주하게 하려 했습니다.

모압 장로들과 미디안 장로들이 손에 복채를 가지고 떠나 발람에게 이르러 발락의 말을 그에게 전하매 발람이 그들에게 이르되 이 밤에 여기서 유숙하라 여호와께서 내게 이르시는 대로 너희에게 대답하리라 모압 귀족들이 발람에게서 유숙하니라 하나님이 발람에게 임하여 말씀하시되 너와 함께 있는 이 사람들이 누구냐 발람이 하나님께 아뢰되 모압 왕 십볼의 아들 발락이 내게 보낸 자들이니이다 이르기를 보라 애굽에서 나온 민족이 지면에 덮였으니 이제 와서 나를 위하여 그들을 저주하라 내가 혹 그들을 쳐서 몰아낼 수 있으리라 하나이다 하나님이 발람에게 이르시되 너는 그들과 함께 가지도 말고 그 백성을 저주하지도 말라 그들은 복을 받은 자들이니라

민수기 22:7-12

하나님은 저주하는 일을 심각하게 여기십니다! "절대 저주하지 말라!"고 하셨습니다. "너의 말에 무슨 영향력이 있겠니. 하고 싶은 말 다 해 보아라. 별일 없을 테니."라고 말씀하지 않으셨습니다. 하나님은 저주하는 일을 심각하게 여기시며 절대 하지 말라고 말씀하셨습니다.

발람이 아침에 일어나서 발락의 귀족들에게 이르되 너희는 너희의 땅으로 돌아가라 여호와께서 내가 너희와 함께 가기를 허락하지 아니하시느니라 모압 귀족들이 일어나 발락에게로 가서 전하되 발람이 우리와 함께 오기를 거절하더이다

민수기 22:13-14

여기까지만 보면 발람은 잘못한 것이 없습니다. 칭찬할 만합니다. 아주 잘 대응했습니다. 여기까지는 모든 것이 괜찮았습니다.

> 발락이 다시 그들보다 더 높은 고관들을 더 많이 보내매 그들이 발람에게로 나아가서 그에게 이르되 십볼의 아들 발락의 말씀에 청하건대 아무것에도 거리끼지 말고 내게로 오라 내가 그대를 높여 크게 존귀하게 하고 그대가 내게 말하는 것은 무엇이든지 시행하리니 청하건대 와서 나를 위하여 이 백성을 저주하라 하시더이다   민수기 22:15-17

"내가 말하는 것을 말하라!"

발락의 명을 받은 두 번째 신하들이 왔을 때 발람이 보인 반응을 봅시다.

> 발람이 발락의 신하들에게 대답하여 이르되 발락이 그 집에 가득한 은금을 내게 줄지라도 내가 능히 여호와 내 하나님의 말씀을 어겨 덜하거나 더하지 못하겠노라   민수기 22:18

매우 놀라운 대답입니다! 여기도 매우 좋았습니다.

> 그런즉 이제 너희도 이 밤에 여기서 유숙하라 여호와께서 내게 무슨 말씀을 더하실지 알아보리라 밤에 하나님이 발람에게 임하여 이르시되 그 사람들이 너를 부르러 왔거든 일어나 함께 가라 그러나 내가 네게 이르는 말만 준행할지니라
>
> 민수기 22:19-20

신약에서 설명하는 것을 보면 발람은 불의의 보상을 사랑했습니다.

> 그들에게 화가 있습니다. 그들은 … 삯을 바라서 발람의 그릇된 길에 빠져들었으며, 유다서 1:11, 새번역 성경

> 그들이 바른 길을 떠나 미혹되어 브올의 아들 발람의 길을 따르는도다 그는 불의의 삯을 사랑하다가 베드로후서 2:15

발람은 그때까지 바른 말을 했지만 성경말씀은 그가 돈과 지위, 명예에 넘어갔다는 것을 보여줍니다. 그는 이제 이것들을 얻기 위해 이스라엘을 저주하려고 합니다.

밤에 하나님이 발람에게 임하여 이르시되 그 사람들이 너를 부르러 왔거든 일어나 함께 가라 그러나 내가 네게 이르는 말만 준행할지니라 민수기 22:20

주님이 이렇게 말씀하셨습니다. "좋다. 가게 해주겠다. 그러나 내가 말한 것만 말해라!" 그러니까 주님은 발람이 이스라엘 백성을 저주하는 것이 아니라 축복하길 원하신 것입니다.

말하는 나귀?

발람이 아침에 일어나서 자기 나귀에 안장을 지우고 모압 고관들과 함께 가니 그가 감으로 말미암아 하나님이 진노하시므로 여호와의 사자가 그를 막으려고 길에 서니라 발람은 자기 나귀를 탔고 그의 두 종은 그와 함께 있더니
민수기 22:21-22

하나님은 아침에 사람들이 그를 **부르러 왔거든** 가도 좋다고 하셨습니다(20절). 그런데 21절에 그가 떠나는 모습을 보면 사람들이 왔다는 얘기가 없으므로 그냥 출발한 것으로 보입니다. 그는 이스라엘 백성을 저주하고 싶어 한 것 같습니다. '하나님

께서 허락하셨으니 괜찮을 거야.'라는 생각이 있었기 때문에 사람들이 그를 부르러 올 때까지 기다리지 않았습니다. 하나님의 뜻이 아닌 자신의 뜻대로 움직이기 시작한 것입니다(벧후 2:16 참고). 불의의 돈을 사랑했기 때문입니다. 이렇듯 발람이 하나님의 지시를 따르지 않은 것이 하나님을 노엽게 했으며 하나님은 발람으로 인해 그의 백성이 저주를 받을 것이라고 보셨습니다.

> 그가 감으로 말미암아 하나님이 진노하시므로 여호와의 사자가 그를 막으려고 길에 서니라 발람은 자기 나귀를 탔고 그의 두 종은 그와 함께 있더니 나귀가 여호와의 사자가 칼을 빼어 손에 들고 길에 선 것을 보고 길에서 벗어나 밭으로 들어간지라 발람이 나귀를 길로 돌이키려고 채찍질하니 여호와의 사자는 포도원 사이 좁은 길에 섰고 좌우에는 담이 있더라 나귀가 여호와의 사자를 보고 몸을 담에 대고 발람의 발을 그 담에 짓누르매 발람이 다시 채찍질하니 여호와의 사자가 더 나아가서 좌우로 피할 데 없는 좁은 곳에 선지라 나귀가 여호와의 사자를 보고 발람 밑에 엎드리니 발람이 노하여 자기 지팡이로 나귀를 때리는지라 여호와께서 나귀 입을 여시니 발람에게 이르되 내가 당신에게 무엇을 하였기에 나를 이같이 세 번을 때리느냐   민수기 22:22-28

얼마나 놀라운 일입니까! 나귀가 자신에게 말을 하는데도 발람은 전혀 놀라는 기색이 없이 나귀와 대화를 합니다. 그래서인지 이 장면이 단지 상징일 뿐이라고 생각하는 사람들도 있습니다. 그러나 저는 실제 일어난 일이라고 믿습니다. 앵무새도 말을 하지 않습니까. 텍사스에 있는 동물원에는 말하는 코끼리도 있습니다. 사람이 코끼리에게 말을 해서 그 코끼리가 앵무새처럼 따라했을 수도 있지만 저는 원래 모든 동물들이 말을 할 수 있었다고 생각합니다. 뱀도 하와에게 말을 걸었으니까요(창 3:1-5).

> 발람이 나귀에게 말하되 네가 나를 거역하기 때문이니 내 손에 칼이 있었더면 곧 너를 죽였으리라 나귀가 발람에게 이르되 나는 당신이 오늘까지 당신의 일생 동안 탄 나귀가 아니냐 내가 언제 당신에게 이같이 하는 버릇이 있었더냐 그가 말하되 없었느니라   민수기 22:29-30

발람은 마치 항상 나귀와 대화를 했던 것처럼 나귀와 말을 합니다. 그는 나귀와 계속해서 논쟁을 하는데 어찌된 일인지 나귀의 논리가 발람의 논리보다 훨씬 낫습니다(벧후 2:16). 나귀가 발람보다 더 똑똑해 보입니다!

"가지 않겠습니다"

그 때에 여호와께서 발람의 눈을 밝히시매 여호와의 사자가 손에 칼을 빼들고 길에 선 것을 그가 보고 머리를 숙이고 엎드리니 여호와의 사자가 그에게 이르되 너는 어찌하여 네 나귀를 이같이 세 번 때렸느냐 보라 내 앞에서 네 길이 사악하므로 내가 너를 막으려고 나왔더니 나귀가 나를 보고 이같이 세 번을 돌이켜 내 앞에서 피하였느니라 나귀가 만일 돌이켜 나를 피하지 아니하였더면 내가 벌써 너를 죽이고 나귀는 살렸으리라 발람이 여호와의 사자에게 말하되 내가 범죄하였나이다 당신이 나를 막으려고 길에 서신 줄을 내가 알지 못하였나이다 당신이 이를 기뻐하지 아니하시면 나는 돌아가겠나이다 여호와의 사자가 발람에게 이르되 그 사람들과 함께 가라 내가 네게 이르는 말만 말할지니라 발람이 발락의 고관들과 함께 가니라   민수기 22:31-35

마침내 발람이 순복합니다. "하나님께서 기뻐하지 않으시면 가지 않겠습니다." 그러나 주님은 "가라. 그러나 가서 내가 원하는 것만 말하라."고 말씀하십니다.

발람이 도착하자 발락 왕이 그에게 묻습니다. "왜 처음 불렀을 때 오지 않았느냐?"

발람이 발락에게 이르되 내가 오기는 하였으나 무엇을 말할 능력이 있으리이까 하나님이 내 입에 주시는 말씀 그것을 말할 뿐이니이다   민수기 22:38

민수기 23장에서 발락 왕은 발람을 높은 곳으로 데려가는데 거기서는 양떼와 가축까지 볼 수 있었고 이스라엘 전 지역이 그의 눈앞에 펼쳐졌습니다. 그리고 수백만의 이스라엘 백성들이 있었습니다. 발락 왕은 7개의 제단을 쌓았고 발람은 각각의 제단에서 제물을 바치고 기도했습니다. 그리고는 이스라엘 백성을 저주하는 대신 축복하기 시작했습니다. 이에 발락 왕은 너무 화가 났습니다! "저들을 저주하라고 너를 불러왔는데 넌 대신에 축복하고 있구나. 아마도 수많은 이스라엘 사람들이 보여서 놀라서 그런가본데 그러면 그들이 잘 안 보이는 곳으로 너를 데려가겠다." 그리고는 또 다른 장소로 데려가 7개의 제단을 다시 쌓았습니다. 일곱 번의 제물이 또 드려졌습니다. 발람은 다시 기도했고 더욱 강력한 축복을 이스라엘 백성에게 선포합니다.

그 일은 일어날 것이다

발람이 예언하여 이르기를 발락이여 일어나 들을지어다 십볼의 아들이여 내게 자세히 들으라 하나님은 사람이 아니시니 거짓말을 하지 않으시고 인생이 아니시니 후회가 없으시도다 어찌 그 말씀하신 바를 행하지 않으시며 하신 말씀을 실행하지 않으시랴 민수기 23:18-19

이 얼마나 강력한 말입니까! 잘 보이는 곳에 붙여 놓고 암송할만한 구절입니다. 하나님께서 말씀하신 것은 반드시 이루어집니다. 하나님은 사람이 아니시기에 거짓말하지 않으십니다. 말씀하신 것을 번복하지 않으십니다. 하나님께서 은총을 선포하셨다면 그 일은 이루어집니다. 이것은 우리 모두가 하나님께 대하여 가져야 할 태도입니다!

발람이 다음에 한 말을 보십시오.

보라, 축복하라는 명령을 내가 받았고 그분께서 복을 주셨은즉 내가 그것을 돌이킬 수 없도다.
민수기 23:20, 킹제임스 흠정역

발람은 말에 권능이 있다고 알려졌던 사람입니다. 그가 축복하는 사람은 모두 축복받았고 그가 저주하는 사람은 모두 저주를 받았습니다. 그런 그조차 하나님의 축복을 되돌릴 수 없었습니다. 당대 최고의 예언자였던 그가 "하나님의 축복을 되돌릴 수 없다."고 인정한 것입니다.

  이것은 오늘날 우리에게 어떤 의미일까요? 일단 하나님의 축복을 받으면 사탄마귀를 포함하여 그 어떤 것도 그 누구도 그 축복을 막을 수 없습니다. 하나님은 우리를 축복하셨고 원수는 그것을 되돌릴 수 없습니다!

15

하나님의 축복을
막을 수 있는 주술은 없다

우리 단체 사무실이 콜로라도 매니튜 스프링스에 있었던 시절에 미국에서 가장 유명한 사탄숭배자 하나가 우리 사무실 옆으로 이사 올 것이라는 소문이 돌았습니다. 결국 소문으로 끝났지만 그 소문이 떠돌 때 사람들이 저에게 물었습니다. "건물은 내놓으셨나요? 매니튜 스프링스에서 나가실거죠?" 제가 왜 옮겨야 되냐고 물으면 사람들은 이렇게 답했습니다. "사탄숭배 대제사장이 옆 건물로 온대잖아요!"

"옆 건물로 왔으면 좋겠네요. 그 사람들에게도 예수님이 필요해요."

"그 사람은 미국 내 사탄숭배 대 제사장이래요!"

"그게 무슨 상관입니까?"

이런 일에 눌리는 사람들은 축복의 능력을 이해하지 못해서 그렇습니다. 사탄마귀라 할지라도 하나님께서 말씀하신 것, 이미 이루어 놓으신 것을 막을 수 없습니다. 우리가 두려움에 빠져서 사탄마귀가 그렇게 할 수 있다고 믿지 않는 한 말입니다.

"일이라니?"

비행기 내 흡연이 허용됐던 시절에 사탄숭배 제사장이 제 옆자리에 앉았던 적이 있었습니다. 그는 저를 저주하려 했고 저의 심장을 도려내 제물로 바치겠다고 했습니다. 우리 자리는 제일 뒷줄이었는데 이 사람이 창가자리, 저희 직원이 복도 쪽 그리고 제가 그 사이 가운데 자리에 앉아 있었습니다. 그 사탄숭배자는 비행기가 이륙하기 전에 이미 담배를 두 개비나 피웠습니다. 스튜어디스가 와서 이제 그만 피라고 말하자 그는 온갖 욕설을 퍼부었습니다. 그는 성질이 사납고 악독한 사람이었습니다. 수염은 거의 배꼽까지 내려왔고 담뱃불로 여기저기 구멍 난 야상 재킷을 입고 있었습니다. 냄새도 지독했고 1인치나 되는 손톱 밑에는 역겨운 것들이 끼어있었습니다. 이렇게 불쾌하고 더럽고 역겨운 사람 옆에 제가 앉았던 것입니다.

제가 먼저 그에게 말을 걸었습니다. "무슨 일을 하십니까?" 그러자 그는 "일이라니? 정부에서 돈을 주는데 쓰레기통이나 뒤져서 먹으면 되지, 뭐 하러 일을 해? 난 정부지원 대상자야. 이런 자본주의사회는 10%의 실업률 없이는 기능을 할 수가 없거든. 나 같은 사람이 있어야 돼."

그래서 저는 하나님께서 아담과 하와에게도 일거리를 주셨다고 말해 주었습니다(창 2:5). "다른 사람들에게 복이 되기 위해서도 그렇지만 자신을 위해서 뭐라도 하는 것이 좋지요." 그리고 그에게 주님에 대해 말해주었지만 그는 들으려 하지 않았습니다. 그는 창밖을 보고 있었지만 저는 계속 얘기했습니다. 그때쯤 비행기가 이륙했는데 갑자기 제 쪽으로 고개를 홱 돌리더니 저의 얼굴에 자기 얼굴을 바짝 대고는 소리를 질렀습니다. "나는 마하리시(?)의 제자야!" 뭐 이런 말이었습니다. 나중에 알아보니 그것은 사탄마귀 이름 중에 하나였습니다. 그는 자신이 사탄 숭배 대제사장이고 20명이 넘는 사람들의 심장을 도려내 제물로 바쳤다고 자랑했습니다. 그는 자기 얼굴을 제 얼굴에 바짝 대고 소리를 질러댔는데 귀신들린 그의 눈은 증오로 불탔습니다.

이런 상황에서는 어떻게 해야 할까요? 옆자리에 앉은 저희 직원의 손을 잡고 "우리 기도하자! 예수의 이름으로 마귀사탄을 묶는다!"라고 해야 할까요?

그 사람은 저를 대적하고 있었습니다. 그래서 저 역시 그에게 얼굴을 맞대고 소리를 질렀습니다. "나는 주 예수 그리스도의 제자다! 내가 섬기는 하나님은 너의 신보다 더 크시다!" 그때

이 사람 반응이 어땠는지 여러분이 모두 봤다면 얼마나 좋을까요. 제가 그렇게 말하자 그는 겁에 질려버렸습니다! 두려움과 공포가 그에게 임했습니다. 그는 자리에서 펄쩍 뛰더니 발을 웅크리고 앉아 창에 쭈그리고 기댔습니다. 그리고는 개처럼 짖기 시작했는데 이빨을 부딪치며 온갖 희한한 행동을 했습니다. 우리 앞줄에 앉았던 두 명의 필리핀 여성이 놀라 쳐다보았는데 의자 위로 그들의 눈동자만 간신히 보이는 웃지 못 할 상황이 펼쳐졌습니다.

"최선을 다해봐라!"

저는 계속해서 퍼부었습니다. "너의 신은 패배했어. 그는 아무것도 아니야!" 스튜어디스는 우리 쪽으로 오지도 않았고 우리 좌석에서 앞으로 6줄 정도가 비어버렸습니다. 거기 앉았던 사람들이 어디로 갔는지는 모르겠지만 여하튼 없어졌습니다.

"너의 신은 패배자야. 그가 내 옆에 앉힌 초라한 너를 봐라. 너의 신이 얼마나 형편없는지 너를 보면 알 수 있다. 너는 쓰레기통을 뒤져야 먹고 살 수 있지 않냐? 냄새도 지독하고. 그러니 누가 너의 신을 믿고 싶겠냐?" 저는 그를 계속해서 공격했습니다.

비행시간은 한 시간 반이었는데 가는 내내 서로 공격을 주고받았습니다. 그러다 그가 갑자기 화장실에 가야 된다며 일어나 나갔다가 돌아왔는데 거기서 뭘 했는지 갑자기 침착해졌습니다. 그러더니 창밖을 보며 "아름다운 날이네요!"라고 했습니다.

그래서 제가 답했습니다. "예수님과 함께라면 매일 매일이 좋은 날입니다." 제가 예수님의 이름을 말하자 그는 다시 웅크리며 개처럼 짖기 시작했습니다. 그러다 갑자기 저를 위협하기 시작했습니다. "나는 27명을 죽였고 그들의 심장을 도려내 제물로 바쳤어. 내가 너를 저주하면 너도 곧 죽어!"

그래서 제가 이렇게 답해주었습니다. "잠언 26장 2절! 까닭 없는 저주는 임하지 않는다. 한번 해봐. 그 저주가 그대로 너에게 돌아갈 것이다. 너의 최선을 다해서 저주 해봐라!"

무당이 떠나다

그러자 그가 이렇게 소리쳤습니다. "나는 나의 마귀를 위해 죽을 수도 있어. 나는 마귀를 사랑해. 나는 나의 사탄을 위해 목숨을 바칠 거야."

"너는 이미 죽은 자야. 죽었으나 모를 뿐. 너처럼 되고 싶은 사람이 누가 있겠냐?" 저는 이 남자에게 계속 퍼부었습니다.

물론 이렇게 되기 전에 그에게 하나님의 선하심을 전하며 구원 받을 기회를 여러 번 주었지만 그는 받아들이지 않았습니다.

우리가 두려움에 빠지지 않는 한 하나님께서 우리에게 주신 축복은 그 누구도 되돌릴 수 없다는 것을 알아야 합니다. 당신은 하나님께 축복 받은 자입니다! 하나님은 당신에게 은총을 선포해 놓으셨습니다.

어떤 목사님이 해 주신 얘기가 있는데 한 여성이 이렇게 기도를 부탁했다고 합니다. "목사님, 제가 어디로 이사해야 할 지 기도해주시겠어요?"

"이사는 왜 가시게요?"

"주술사가 옆집으로 이사를 왔는데 그 여자가 밤에 와서 우리 집 앞에 이상한 가루를 뿌리고 주문을 외워요. 그래서 이상한 일도 일어납니다. 그 집을 떠나야만 해요."

그 목사님은 이렇게 대답했습니다. "저는 기도해드리지 않겠습니다. 떠나야 할 사람은 그 무당이에요. 어떻게 해야 할지 말씀 드리죠." 그리고는 어떻게 할지 알려 주었답니다.

그날 밤 그 여성은 불을 다 끈 채 기다렸습니다. 그러자 그 무당이 와서 이 집 문 앞에 이상한 가루를 뿌리기 시작했습니다. 이 여성은 문을 활짝 열고 맨발로 춤을 추며 하나님을 찬양했습니다. "예수님 감사합니다!" 이것이 그 무당을 무력화시켰고 그 무당은 바로 다음날 떠났습니다.

사탄마귀는 당신을 두려워한다!

하나님은 당신을 축복하셨고 그 축복은 당신이 되돌리지 않는 한 번복되지 않습니다. 그래서 우리는 이 축복의 능력을 믿어야 하는 것입니다!

내가 축복할 것을 받았으니 그가 주신 복을 내가 돌이키지 않으리라 야곱의 허물을 보지 아니하시며 이스라엘의 반역을 보지 아니하시는도다 여호와 그들의 하나님이 그들과 함께 계시니 왕을 부르는 소리가 그 중에 있도다   민수기 23:20-21

발람이 '하나님은 야곱의 허물을 보지 않으신다.'고 했을 때 그 말이 야곱에게 허물이 없었다는 뜻은 아닙니다. 주께서 모세에게 하신 말씀을 보십시오.

여호와께서 또 모세에게 이르시되 내가 이 백성을 보니 목이 뻣뻣한 백성이로다 그런즉 내가 하는 대로 두라 내가 그들에게 진노하여 그들을 진멸하고 너를 큰 나라가 되게 하리라
   출애굽기 32:9-10

하나님은 이스라엘 백성에게 너무 진노하셔서 모세에게 이렇

게 말씀하십니다. "내가 하는 대로 두라. 나는 그들을 진멸하고 새로운 나라를 세우겠다!" 주님은 이렇듯 이스라엘 백성의 타락과 죄악을 똑똑히 보셨지만 원수가 이스라엘을 저주하려 할 때는 그들의 선함이나 악함이 하나님께 영향을 미치지 않았습니다. 하나님은 이스라엘 백성과 맺으신 언약에 근거하여 그들을 다루셨기 때문입니다. 이스라엘은 하나님과 맺은 언약을 소유했기 때문에 누군가 하나님의 백성을 저주하려 할 때 "나는 그들의 허물을 보지 않는다."라고 말씀하신 것입니다.

하나님은 당신을 대하실 때에도 언약에 근거하신다는 사실을 알고 계십니까? 여기서 이 언약이란 그리스도 안에 있는 새 언약입니다. 누군가 당신을 대적하려 할 때, 사탄은 당신이 이렇게 생각하도록 만들 것입니다. '그래. 내가 이렇게 당해도 싸지.' 그러나 진리는 당신이 하나님과의 언약을 소유했다는 것입니다. 당신은 하나님의 축복을 받은 자이며 그것은 당신의 업적과 상관이 없습니다. 당신이 마땅히 해야 할 일을 모두 실천했든, 안했든 그것은 상관이 없습니다. 당신이 최악의 상태로 떨어진다 해도 그것은 마귀의 최상보다 낫습니다. 지금의 모습이 아무리 형편없더라도 그것은 상관이 없습니다. 당신은 하나님과의 언약을 소유한 사람이기에 마귀를 두려워해서는 안 됩니다. 현실은 오히려 사탄마귀가 당신을 무서워하고 있습니다(약 4:7)!

질병을 무력화하라

야곱을 해할 점술이 없고 이스라엘을 해할 복술이 없도다 이 때에 야곱과 이스라엘에 대하여 논할진대 하나님께서 행하신 일이 어찌 그리 크냐 하리로다　　　민수기 23:23

하나님의 백성을 대적할 수 있는 주문이나 물건은 없습니다. 당신이 거듭났고 예수님께서 당신의 마음에 거하신다면 당신은 이미 축복을 받은 상태입니다. 자신이 축복받은 상태라는 것을 깨달았고 믿고 있다면 하나님의 은총이 당신에게 선포된 것입니다. 그렇다면 질병을 거부해야 합니다. 암이나 가난도 거부해야 합니다. 그것은 저주이기 때문입니다!

제 말을 믿을 수 없다면 신명기 28장을 보십시오. 1절에서 14절까지는 하나님께서 축복이라고 묘사하시는 것들이 나와 있고 15절에서 68절까지는 하나님께서 저주라고 하시는 것들이 나와 있습니다. 축복에는 건강, 형통, 기쁨, 평안, 풍성함, 원수로부터의 구원 등이 있고 저주에는 종기(부스럼), 치질(종양), 곰팡이, 질병, 병약함, 심지어 미처 기록되지 않은 모든 질병과 모든 재앙이 다 포함되었다고 합니다(61절). 쉽게 말해, 긍정적인 것들은 축복에 포함되어 있고 부정적인 것들이 저주로 간주되어 있습니다.

종교는 이렇게 말합니다. "하나님은 암을 주셔서 너를 가르치시기 원하신다. 너를 깨뜨려 더 나은 사람으로 만드시려고 그렇게 하신 것이다. 사실상 그것은 축복이다." 아닙니다. 암은 축복이 아닙니다! 저주입니다.

악을 선하다 하며 선을 악하다 하며 흑암으로 광명을 삼으며 광명으로 흑암을 삼으며 쓴 것으로 단 것을 삼으며 단 것으로 쓴 것을 삼는 자들은 화 있을진저　　　　　이사야 5:20

종교

종교는 많은 그리스도인들로 하여금 질병을 "좋은 것"으로 여기게 했고 오히려 치유를 "마귀가 하는 일"로 여기게 만들었습니다. 종교가 모든 것을 어지럽힌 것입니다.

당신은 축복 받은 자입니다. 만약 제가 지금 나누는 내용을 이해하게 된다면 이제 가난, 질병, 감정적인 불안정, 우울, 낙심, 두려움, 그리고 모든 종류의 저주를 거부할 것입니다. 당신은 저주가 아니라 축복을 받았기 때문입니다! 사람들이 하나님의 최선으로 살지 않는 이유는 그렇게 사는 것이 정상이고 그렇게 살아야 한다는 거짓을 받아 들였기 때문입니다.

그러나 그렇지 않습니다. 그렇게 살아야 할 필요가 없습니다. 출산 후에 산후우울증을 겪을 필요가 없습니다. 심적으로 외상후의 스트레스장애(PTSD, 트라우마/역자 주)도 겪을 필요가 없습니다. 그것은 저주입니다. 제가 아는 사람들 중에서도 트라우마로부터 완전히 치유된 사람들이 많은데 그들이 겪었던 일은 심히 악한 일들이었습니다! 그러나 그들은 이 진리를 들었고 저주를 거부하고 축복 속에 살기로 했기 때문에 트라우마에서 완전히 자유케 되었습니다.

하나님을 제한해 온 것은 우리 자신입니다. 하나님의 축복을 받아들이지 않고 있었던 것입니다. 하나님은 당신도 이미 축복해 놓으셨습니다. 주술이나 그 어떤 것도 당신이 그것에 권세를 부여하지 않는 한 절대 당신을 대적할 수 없습니다.

16

내 축복을 막을 수 있는 유일한 존재

발람은 이스라엘 백성을 저주하지 않고 오히려 세 번이나 축복했습니다.

> 발람이 일어나 자기 곳으로 돌아가고 발락도 자기 길로 갔더라
> 민수기 24:25

이것이 발람 이야기의 마지막인 듯합니다. 신약에서 꾸짖고 있는 발람의 죄는 그가 발락 왕을 만나러 갈 때 천사가 그를 죽이려고 막았던 순간이라 생각하는 사람들이 많습니다. 그렇습니다. 그는 잘못했고 천사가 그를 죽이려 한 것은 맞지만 신약이 꾸짖는 발람의 죄는 그것이 아닙니다.

버가모 교회의 사자에게 편지하라 좌우에 날선 검을 가지신 이가 이르시되 네가 어디에 사는지를 내가 아노니 거기는 사탄의 권좌가 있는 데라 네가 내 이름을 굳게 잡아서 내 충성된 증인 안디바가 너희 가운데 곧 사탄이 사는 곳에서 죽임을 당할 때에도 나를 믿는 믿음을 저버리지 아니하였도다 그러나 네게 두어 가지 책망할 것이 있나니 거기 네게 발람의 교훈을 지키는 자들이 있도다 발람이 발락을 가르쳐 이스라엘 자손 앞에 걸림돌을 놓아 우상의 제물을 먹게 하였고 또 행음하게 하였느니라   요한계시록 2:12-14

발람이 저질렀던 일이 무엇인지는 신약에서 드러납니다. 발람이 발락 왕을 가르쳐서 이스라엘 자손 앞에 걸림돌을 놓아 우상의 제물을 먹게 하였고 또 행음하게 하였습니다. 이 내용은 어디에 나와 있을까요? 발람과 발락 왕이 모두 되돌아간 직후인 민수기 25장 첫 구절을 봅시다.

전염병

이스라엘이 싯딤에 머물러 있더니 그 백성이 모압 여자들과 음행하기를 시작하니라 그 여자들이 자기 신들에게 제사할

때에 이스라엘 백성을 청하매 백성이 먹고 그들의 신들에게
절하므로 이스라엘이 바알브올에게 가담한지라 여호와께서
이스라엘에게 진노하시니라　　　　　　　　민수기 25:1-3

모세는 장로들에게 우상숭배와 음행에 가담한 이스라엘 사람들을 모두 죽이라고 명령했습니다.

그 염병으로 죽은 자가 이만 사천 명이었더라　　민수기 25:9

발람은 이스라엘을 저주하려 했지만 하나님께서 허락지 않으셔서 할 수 없었고 끝내 축복의 말을 선포할 수밖에 없었습니다. 대신 왕에게 이렇게 말했습니다. "유대인을 저주할 수는 없습니다. 그들이 패배하려면 그들이 스스로를 저주해야만 합니다. 그들이 직접 하나님과의 언약을 깨야하며 그들 자신만이 그들의 축복을 막을 수 있는 유일한 존재입니다." 그리고 조언하기를 모압 여인들로 하여금 이스라엘 백성들을 유혹하게 해서 그들과 음행하게 하라고 했습니다. 그들이 했던 바알 숭배는 음행을 하는 제사였는데 실제로 예식의 일부가 음행입니다. 그래서 모압 여인들은 이스라엘 남자들을 유혹하여 함께 절하고, 제사음식을 먹고, 그들의 신에게 예배하는 의미로 음행을 한 것입니다. 여기에 많은 이스라엘 남성들이 가담했고 그 결과

하나님의 진노가 그들에게 임했습니다. 하나님의 백성이 정복 당하는 유일한 길은 그들이 스스로 자신들의 언약을 거부하는 것이었습니다.

이러한 원리는 민수기 31장에서 한 번 더 확인됩니다. 하나님께서 "미디안 백성에게 원수를 갚으라."고 명하셨는데 이것은 미디안 백성 전부를 뜻한 것이었습니다(민 31:1-2). 이 명령은 하나님께서 모세가 죽기 전에 마지막으로 내리신 명령이었습니다. 그러나 이스라엘 백성들은 하나님의 명령을 그대로 이행하지 않고 전리품과 가축, 여자와 어린아이들을 남겨두었습니다. 이에 모세가 노합니다.

> 모세가 그들에게 이르되 너희가 여자들을 다 살려두었느냐 보라 이들이 발람의 꾀를 따라 이스라엘 자손을 브올의 사건에서 여호와 앞에 범죄하게 하여 여호와의 회중 가운데에 염병이 일어나게 하였느니라   민수기 31:15-16

나에게 달렸다!

그리스도께서 오셔서 새 언약을 완성하시기 전에는 우상숭배를 통해 자신을 마귀에게 바친 사람들이 다시 돌이켜 회복할 방법이 없었습니다. 당시에는 거듭날 방법이 없었기 때문에 마귀의 영향력에서 구원받을 수가 없었습니다. 마치 사람의 목숨을 살리기 위해서 암 세포를 잘라내야 하듯이 그 당시에는 마귀에게 사로잡힌 사람들은 없애는 방법밖에 없었습니다. 그래서 마귀적인 의식에 참여했던 남녀와 아이들, 그리고 동물까지 전부 죽이는 것이 큰 그림으로 봤을 때 인류 전체를 향한 자비였던 것입니다. 이렇게 해야 악이 퍼져 나가는 것을 막고 정결함을 보전할 수 있었던 것입니다.

그래서 하나님은 우상숭배를 통해 마귀에게 속하게 된 사람들을 모두 죽이라고 명령하신 것인데 이스라엘 백성들이 미디안의 여자들을 살려둔 것입니다. 그들을 아내로 삼으려고 데려온 것입니다. 아이들과 가축도 데려왔고 전리품도 가져왔습니다. 이것이 모세를 격노케 했는데 이런 여인들이 발람의 조언을 따라 이스라엘 남자들을 어떻게 망하게 했는지 그는 알고 있었기 때문입니다. 이 여자들은 많은 사람들로 하여금 마귀를 숭배하도록 끌어들였고 그로인해 24,000명이 전염병으로 죽었습니다(민 25:9).

일단 하나님의 축복이 주어져 역사하기 시작하면 돌이킬 수 없습니다. 주술도 그것을 대적할 수 없습니다. 우주만물의 그 어떤 것도 하나님의 축복을 막을 수 없습니다. 나 자신만 그것을 막을 수 있습니다. 하나님은 이미 축복을 주셨고 그것을 돌이기지 않으십니다(민 23:19). 그분은 변하지 않으시기 때문입니다. 당신이 축복을 받은 것은 돌이킬 수 없는 사실입니다. 사탄마귀도 그것을 막을 수 없습니다. 이제 당신이 하나님의 축복을 받아 누리는 문제는 하나님께 달린 것이 아닙니다. 마귀에게 달린 것도 아닙니다. 당신에게 달렸습니다. 하나님의 축복이 당신 삶에 임할 것인지 아닌지는 당신이 정합니다. 어떤 저주에 권세를 부여하는 것도 당신 자신입니다. 100% 당신에게 달려있습니다!

"목사님, 제 인생에서 벌어지는 일들이 제 잘못이라는 얘기로 들리네요?" 네, 맞습니다. 내 삶은 나의 생각대로 흘러간다는 말입니다. '나도 사람이야. 의사가 암이라는데 나보고 어떡하라고? 불치병인데.' 이렇게 암에 대해 그러한 가치를 부여하는 사람은 바로 나 자신입니다. 저주를 믿은 사람도 나 자신이고, 부정적인 것을 받아들이고 하나님의 말씀을 만홀히 여긴 것도 나 자신입니다. 신명기 28장은 어떤 질병이나 아픔, 그 어떤 것도 나를 막아설 수 없다고 말합니다. 나를 대적하여 맞설 수 있는 원수는 없습니다. 하나님께서 나에게 축복을 선포해 놓으셨는데 그 축복이 역사하고 있지 않다면 그것을 믿지 않기로 했기 때문이며 그것은 바로 나 자신입니다. 대신 저주와 부정적인 것을 믿기로 한 것도 나 자신입니다. 환경과 상황에 지배를 받으며 "나도 인간이야."라고 결론을 내리기로 한 것도 바로 나 자신입니다.

그러나 우리는 그냥 인간이 아닙니다. 삼분의 일은 성령님으로 가득합니다! 우리는 거듭났고 초자연적인 존재입니다. 저는 주님을 모르는 사람처럼 살지 않을 것입니다. 예수님을 아는 사람들이 예수님을 모르는 사람들과 같아서는 안 되지 않겠습니까? 거듭난 사람은 그 안에 하나님의 능력을 가졌습니다. 선택권은 우리 자신에게 있습니다. 하나님께서 주신 축복을 믿을 것입니까, 아니면 자신을 그냥 인간으로만 볼 것입니까? 이것은 우리가 선택하는 것입니다.

더 강력한 축복

아이를 갖는데 어려움이 있습니까? 신명기 7장 14절은 이렇게 말합니다.

네가 복을 받음이 만민보다 훨씬 더하여 너희 중의 남녀와 너희의 짐승의 암수에 생육하지 못함이 없을 것이며

출애굽기 23장 26절은 이렇게 말합니다.

네 나라에 낙태하는 자가 없고 임신하지 못하는 자가 없을 것이라 내가 너의 날 수를 채우리라

하나님의 말씀은 불임과 유산에 대해 뭐라고 하실까요? 당신은 이미 임신과 출산에 대한 축복을 받았습니다. 지금 임신하지 못하거나 유산으로 고통 받은 사람들이 잘못이라는 뜻이 아닙니다. 축복에 대해 잘 몰랐을 뿐, 그들에게는 문제가 없습니다. 임신에 대한 축복을 믿어 보지 못했던 것입니다. 축복은 반드시 믿음과 합해져야 합니다. 하나님 말씀의 약속들을 믿음으로 받아 누려야 합니다. 그런데 하나님의 약속 대신 "타고나기를 임신이 안 되는 사람들이 있어."와 같은 거짓을 믿은 것입니다. 그리고 그런 거짓을 믿기로 선택한 것은 그들 자신입니다. 그러나 그 대신 하나님의 말씀을 믿기로 선택할 수도 있습니다. 저는 아이를 갖지 못하는 분들을 위해 기도할 때 신명기 7장 14절의 축복을 선포합니다. 제가 기도해 준 사람들은 임신이 불가능하다고 믿고 포기했던 사람들입니다. 그런데 지금은 제 이름을 딴 아이들이 전 세계 도처에 있습니다. 심지어 우간다에는 아예 "앤드류 워맥"이라는 남자아이도 있습니다. 저는 매년 그곳을 찾을 때마다 그 아이를 제 무릎에 앉혀 놓고 사진을 찍습니다.

우리는 어떤 것에도 자유할 수 있습니다. 하나님의 말씀으로

가십시오. 주님께서 당신에 대해 뭐라고 말씀하셨는지 발견하여 거기에 믿음을 합하십시오. 축복은 저주보다 더 강력합니다!

긍정을 말하라

사탄마귀는 우리를 저주합니다. 사람들도 우리를 저주합니다. 그들은 우리에게 나쁜 말을 하고 또 우리에 대해서도 나쁜 말을 합니다. 그러나 우리가 두려움으로 저주에 반응하지 않는 한, 그것은 까닭 없는 저주이고 까닭 없는 저주는 임하지 않습니다(잠 26:2).

두려움은 사실 잘못된 것에 대한 믿음입니다. 누군가 당신을 저주하며 "이 병은 낫는 병이 아닙니다. 결국 사망하게 될 겁니다."라던가 또는 "이제 끝입니다. 파산이에요."라고 할 때 이러한 저주의 말이 권세를 얻으려면 당신이 그 말을 믿어야 합니다. 그러나 그 저주에 반응하지 않으면 그 저주는 까닭 없는 저주가 됩니다. 임하지 않는다는 뜻이지요. 그것에 순복하지 않으면 그 저주는 당신에게 어떤 영향도 끼칠 수 없습니다. 저주에 권세를 주는 것도 당신이고 축복에 권리를 주는 것도 당신입니다.

물론 사람들이 의도를 가지고 저주하는 것은 아니라는 사실을 저도 잘 압니다. 또한 자기 자신을 일부러 저주하는 사람은 없겠지만 그럼에도 불구하고 항상 그렇게 하고 있습니다. "의사 말이 내가 곧 죽는대요."라며 부정적인 말을 합니다. 말로써 의심, 불신을 모두 쏟아 내는 것입니다.

> 죽고 사는 것이 혀의 힘에 달렸나니 혀를 쓰기 좋아하는 자는 혀의 열매를 먹으리라   잠언 18:21

"그러면 제가 가진 문제를 부인하라는 말입니까?" 아닙니다. 사람들이 이것 때문에 실족하여 이 진리를 거절하기도 하는데 문제가 있다는 사실을 부인하라는 말이 아닙니다. 만약 저에게 뭔가 잘못되면 먼저 "이러한 상황이지만"이라고 말을 하고나서 그것보다 더 위대한 진리를 말합니다. "이러한 상황이긴 하지만, 예수의 이름으로 나는 나음을 입었다. 이 질병은 주님 앞에 무릎을 꿇는다."라며 긍정을 말합니다.

자신을 축복하라!

제가 드리는 말씀은 물리적인 영역을 부인하라는 것이 아니라 물리적인 영역이 전부라는 주장을 부인하라는 것입니다. 저는 저에게 문제가 있다는 사실을 부인하는 것이 아니라 그 문제가 이길 것이라는 것을 부인하는 것입니다. 아닙니다. 제가 그 문제를 이길 것입니다. 저는 하나님의 믿음을 말할 것입니다!

자신이 내뱉은 말에 묶여 있는 사람들도 많습니다. 그들은 자신이 느낀 대로 말합니다. "불경기라 모두 해고될 거라고 하네. 누군가 해고당한다면 제일 먼저 내가 해고당하겠지."라는 식으로 말합니다. 만약 당신도 그렇게 하고 있다면 그것은 스스로를 저주하는 것입니다. "나는 제대로 하는 게 없어요. 부족한 것도 많고요. 목사님은 이해를 못하시나 본데 성별 때문에 차별도 많아요. 저는 가방 끈도 짧고 배경도 좋지 않아요. 흙수저거든요." 이러한 말들은 모두 저주이며 그러한 저주에 권세를 부여하고 있는 것은 바로 자기 자신입니다. 성별, 배경, 출신지역, 교육, 사회적 지위와 상관없이 역경을 이겨낸 사례는 너무나 많습니다.

"사람들이 날 이렇게 취급하는 건 내 성별 때문이야."라는 식으로 스스로를 저주하지 마십시오. 그것을 허용하는 것은 자기 자신입니다. 그것에 힘을 실어주고 있는 것도 자기 자신입니다. 그렇게 생각할 필요가 없습니다. 자기 자신을 축복하십시오!

제가 베트남 파병을 위해 군대 기본교육을 받고 있었을 때, 미국에서는 인종문제가 심각했습니다. 과거 흑인들이 부당한 취급을 받았던 것 때문에 정부가 그들의 편을 들어주고 있었는데 그래서 백인과 흑인이 말다툼을 하거나 싸움에 휘말리면 항상 백인 잘못으로 간주되었습니다. 어떤 경우에도 이길 방법이 없었습니다.

제가 있던 부대에는 50명 중에 흑인이 35명, 백인이 15명이었는데 한번은 인종 폭동이 있었습니다. 흑인 군인들이 나머지 백인을 데려다가 하수구가 피로 막힐 때까지 콘크리트에 백인들의 머리를 내리친 것입니다. 그들에게 당하지 않은 백인은 저 하나 뿐이었습니다. 이런 일들을 선동했던 흑인 남자는 사회에서 매춘업을 했던 사람이었는데 우리 훈련 교관이 매우 세속적인 사람이었기 때문에 이 친구의 과거를 알게 되자 오히려 자신과 같은 과라고 생각하여 우리 부대의 대장직을 맡겼던 것입니다. 저는 당시 그 흑인 친구를 전도하고 있었습니다. "그렇게 사는 것은 잘못된 것이다."라며 그에게 맞서고 있었습니다. 그런데 알고 보니 사실 그의 아버지는 침례교 목사였고 그도 자신이 잘못 살고 있다는 것을 알고 있었습니다. 그래서 그는 자신에게 맞서고 있던 저를 존중했습니다. 비록 자신은 세속적으로 살고 있었지만 저를 존중했던 것입니다.

"하나님, 저를 도와주세요."

그때 그 참사가 벌어지고 있었을 때, 그가 다른 흑인들을 데리고 마지막으로 저를 찾아 왔습니다. 저는 싸움을 하는 사람도 아니었습니다. 그래서 침대 옆에 무릎을 꿇고 기도하고 있었습니다. "하나님, 저를 도와주세요." 다른 백인들은 모두 의무실에 실려 갔습니다. 마침내 그 흑인 남자가 와서 저의 멱살을 잡고 들어 올렸습니다. 그런데 제 얼굴을 확인하고는 저를 침대 위에 내동댕이쳤습니다. 그리고는 자기 침대에 누워 버렸습니다. 그것으로 모든 것이 끝이 났습니다. 하나님께서 저를 보호해 주신 것입니다. 그때 의무실에 실려 가지 않은 백인은 제가 유일했습니다.

또 이런 사건도 있었습니다. 인접한 건물에 있던 흑인들이 참호 파는 도구를 들고 백인 야전 훈련생의 얼굴을 후려쳤는데 그것 때문에 그 백인이 죽었습니다. 그들은 저에게도 침을 뱉고 온갖 못된 짓을 했습니다. 이것은 베트남으로 가기 전 기본 교육 때 겪었던 일입니다. 제가 이 이야기를 나누는 이유는 보통 흑인들이 백인들에게 당했던 일보다 제가 흑인들에게 당한 일이 더 심각했다는 것을 말씀드리기 위함입니다. 그러나 저는 그 일로 인해 노여워하지 않으며 어떤 흑인도 미워하지 않습니다. 그 일 때문에 어떤 흑인에게도 증오를 품지 않았습니다. 제가 흑인들에게 그런 일을 당했다고 해서 저에게 그런 일을 하지 않은 다른 흑인들까지 흑인이라는 이유로 미워한다는 것은 옳지 않으니까요. 그리고 그 일은 더 이상 저에게 문제가 되지 않습니다.

당신에게 무례하게 행동했던 사람이 있었습니까? 그들을 용서함으로써 자기 자신을 그 일에서 풀어주고 그 일을 뛰어 넘으십시오. 오래전 일을 아직 품고 있습니까? 내려놓으십시오. 잊어버리세요. 용서하지 못하는 마음과 증오심은 저주에 힘을 실어주고 내 삶에 축복을 막고 있습니다. 저도 별일을 다 당했지만 그 일로 실족하거나 상대방에게 적개심을 품지 않습니다. 그 일에 대해 분노를 품고 있지 않습니다. 그 일들은 저에게 영향을 미칠 수 없으며 저는 그 일들을 극복했습니다. 그래서 저는 상처받은 사람이 아니라 축복받은 사람입니다. 사람들이 저에게 무슨 짓을 했든, 그것이 무슨 상관입니까? 저는 그 어떤 누군가의 피해자가 되는 것을 원치 않습니다. 예수님께서 저를 자유케 하셨으니까요! 저는 축복에 초점을 맞추지, 저주에 초점을 맞추지 않습니다. 사람들이 나에게 했던 행동 때문에 받은 상처를 붙잡고 있는 것은 나에게 선포된 저주에 힘을 실어주는 것입니다.

타인들을 내가 통제할 수는 없습니다. 내가 통제할 수 있는 것은 나 자신 뿐입니다. 자기를 통제하는 것(self-control, 한국어 성경에는 '절제'로 번역 됨/역자 주)은 우리 모두가 그 안에서 자라가야 할 영역입니다(갈 5:22-23). 다른 사람이 나에게 무슨 짓을 했든, 그것이 왜 그렇게 중요합니까? 예수님께서 우리를 자유케 하셨는데요. 당신은 축복 받은 자라는 것을 절대 잊지 마십시오. 하나님은 당신을 축복하셨고 그것은 돌이킬 수 없습니다. 하나님의 축복을 막을 수 있는 사람은 오직 나 자신 뿐입니다. 성별이나 학벌, 과거는 아무런 문제가 되지 않습니다. '나는 할 수 없어'라고 믿음으로써 자신을 제한하는 것은 나 자신입니다.

우리는 내가 축복받은 사람이라고 믿어야 합니다. 저주에 대한 두려움을 멈추고 믿음으로 축복에 힘을 실어주어야 합니다. 그동안 사람들이 우리에게 했던 말과 행동을 더 이상 두려워하지 맙시다. 하나님의 축복 안에서 행하기로 합시다. 이것이 이미 가진 것을 받아 누리는 방법입니다!

"나는 축복 받은 사람"

제가 모든 일을 완벽하게 하지 못할지라도 하나님은 저에게서 축복을 거둬가지 않으신다는 사실이 저의 마음을 뜨겁게 합니다. 주님의 기준에 맞춰 살지 못해도 하나님은 저에게서 불의를 찾지 않으십니다. 이것은 너무 놀라운 일 아닙니까! 하나님은 새 언약에 근거하여 저를 보시기 때문입니다. 저는 하나님의 축복을 받았고 하나님은 그것을 돌이키지 않으십니다. 주님은 절대로 저에게서 그분의 축복을 거둬가지 않으십니다.

할렐루야! 하나님을 찬양합니다! 여러분도 축복받은 사람이란 사실을 이제 아시겠습니까?

하나님의 축복은 말로 작동합니다. 그래서 하나님의 축복을 말로 선포해야 하는 것입니다. "**나는 여호와를 향하여 말하기를 그는 나의 피난처요 나의 요새요 내가 의뢰하는 하나님이라 하리니**(시 91:2)" 우주 만물을 창조한 것은 말입니다(히 11:3). 말이 여러분과 저를 만들었고 우리가 눈으로 볼 수 있는 물리적인 영역의 모든 것을 만들었습니다. 말이 우주만물의 모체입니다. 모든 것이 말에 반응합니다. 그렇기 때문에 받은 축복을 말로 선포해야 합니다!

누군가 저에게 요즘 어떠냐고 물으면 저는 "축복 받았습니다."라고 답합니다. 어떤 사람들은 이렇게 말합니다. "성경이 그렇게 말하고 있다는 것은 저도 알아요. 그런데 저는 목사님이 진짜 어떤지 묻는 거에요." 그러면 저는 "진짜 축복 받았어요."라고 다시 답합니다.

그러면 또 이렇게 묻습니다. "아니요, 목사님 기분이 어떤지 알고 싶다고요." 제 기분이 왜 중요합니까? 저는 축복 받은 사람인데요. 저는 머리이며 꼬리가 아닙니다. 저는 위에만 있고 아래 있지 않습니다. 하나님 아버지, 감사합니다!

"오늘은 아니에요!"

하나님은 우리를 축복하시기 위해 그분의 아들을 보내셨습니다. 마귀나 그 어떤 누구도 이제 우리의 삶에 임한 하나님의 축복을 취소할 수 없습니다. 당신은 축복 받았으니 그렇게 믿으십시오. 스스로를 격려하십시오. 스스로에게 선포하십시오. "나는 축복 받은 사람이다!"

저의 지인이 의사에게 이런 말을 들은 적이 있습니다. "환자분은 이제 곧 사망하게 될 것입니다."

그 말에 제 친구가 이렇게 답했습니다. "뭐, 괜찮아요." 그러자 의사는 "제 말을 못 알아 들으시는군요!"라고 했답니다. 이런 대화가 계속되다 마침내 그 의사는 이렇게 말했다고 합니다. "당신은 끝났어요. 죽는다고요."

그러자 제 친구가 그 의사의 눈을 똑바로 보면서 이렇게 말했습니다. "당신도 마찬가지예요! 모든 사람이 죽어요. 그러나 오늘은 아닙니다!" 그리고 수년이 흘렀는데 이 친구는 지금도 죽지 않고 살아서 잘 지내고 있습니다.

당신은 축복 받은 사람입니다. 아버지, 우리를 축복해 주셔서 감사합니다!

17

속량을 받다

우리의 삶이 현재 형통하지 않다면 그것은 거짓을 믿음으로써 하나님의 축복을 막았기 때문입니다.

> 내게 능력 주시는 자 안에서 내가 모든 것을 할 수 있느니라
>
> 빌립보서 4:13

이 구절도 축복 중에 하나입니다. 여기에 믿음을 합한다면 당신도 모든 것을 할 수 있습니다. 꿈을 크게 꾸고 하나님께서 큰 일을 행하실 것을 믿으십시오! 하나님의 은총이 당신에게 선포되어 있습니다.

> 내가 진실로 진실로 너희에게 이르노니 나를 믿는 자는 내가 하는 일을 그도 할 것이요 또한 그보다 큰 일도 하리니 이는 내가 아버지께로 감이라
>
> 요한복음 14:12

이 구절 역시 축복입니다. 예수님께서 이렇게 말씀하셨습니다. "내가 한 모든 것을 너도 할 수 있다." 그런데 왜 우리는 죽은 자가 살아나고, 눈먼 자가 눈을 뜨고, 귀머거리가 듣게 되는 기적을 체험하지 못합니까? 왜 우리는 예수님이 하신 것처럼 기적을 체험하지 못하는 걸까요? 예수님은 "내가 한 일을 너도 할 수 있다."고 하셨는데 말입니다.

거의 이십년 전 일인데 제가 텍사스의 한 교회에 강사로 초대받았을 때 이 성경구절로 설교를 했었습니다. 주일부터 수요일까지 계속되는 부흥회에서 이 한 구절만을 강조하며 설교했는데 그로인해 그 교회 목사님이 굉장한 도전을 받으셨습니다. 그리고 제가 떠난 후 주일 예배 때 담임목사님은 같은 구절을 다시 한 번 설교하시며 이렇게 말했습니다. "여러분, 저도 그 구절을 여러 번 들어봤고 인용도 했지만 믿지는 않았던 것 같습니다. 그러나 지금부터 믿을 것입니다. 예수님께서 하셨던 일을 우리도 할 수 있습니다. 죽은 자가 살아나고, 병든 자가 낫고, 기적이 일어나는 것을 우리도 체험할 것입니다!"

"다 나았어요."

그런데 목사님께서 그렇게 설교하는 도중에 한 남자성도가 일어나 가슴을 부여잡더니 심장마비로 그 자리에 쓰러져 죽었습니다. 그 교회 성도 중에는 간호사가 있었는데 그 남성의 상태를 살피고는 그가 사망했다고 회중들 앞에서 진단을 내렸습니다. 그래서 구급차를 불렀는데 바로 길 건너편에 있는 소방서에서 긴급구조팀이 오는데 20분이나 걸렸습니다. 교회 사람들은 기다리면서 어쩔 줄 몰라 구급대원이 오기만을 기다리고 있었습니다. 그때 갑자기 그 목사님께 깨달음이 왔습니다. '내가 이것에 대해 설교하고 있었잖아!' 그래서 목사님은 그 남성에게 가서 기도했습니다. 그러자 그 남성은 일어나 앉았고, 죽었다 살아나서는 완전히 치유되었습니다.

마침내 구급대원이 도착하자 그 남성은 이렇게 말했습니다. "저는 다 나았어요. 병원에 갈 필요가 없어요!" 그런데 일단 구급대원이 출동했기 때문에 그 남성을 병원으로 데려가야 했습니다. 이후 응급실에서 나온 그 남성은 자신의 차가 있는 교회까지 택시를 타고 와야 했습니다. 그리고 목사님께 이렇게 말했습니다. "교회에서 구급차를 불렀으니까 택시비는 목사님이 내세요. 저는 병원에 갈 필요 없다고 말했잖아요." 그 뒤로 이 교회는 더 많은 기적을 체험하게 되었습니다. 예수님께서 그들에게 선포해 놓으신 축복을 누군가 믿기로 했기 때문입니다.

우리 주 예수 그리스도의 하나님 아버지를 찬양합시다. 하나님께서는 그리스도 안에서, 하늘에 속한 온갖 신령한 복을 우리에게 주셨습니다(과거형).   에베소서 1:3, 새번역

우리는 축복을 통해 모든 것을 받았습니다! 앞으로 우리가 필요하게 될 것들 중에서 하나님께서 이미 채워놓지 않으신 것은 없습니다. 주님은 우리의 환경이나 상황에 반응하시는 것이 아닙니다. 내가 나에게 문제가 있다는 것을 발견하는 그 순간, 하나님도 그때 알게 되시는 것이 아닙니다. 주님은 그런 일이 일어날 것을 이미 아셨고 그 문제가 생기기도 전에 이미 해결책을 공급해 놓으셨습니다(빌 4:19). 우리에게 어떤 필요가 생기기도 전에 하나님께서 필요한 것을 이미 공급해 놓으셨다는 것입니다.

믿음으로 받는다

우리는 무슨 일을 겪더라도 우리의 눈을 예수님께 고정하기로 선택할 수 있습니다(히 12:1-3). 어떤 상황이나 환경에서도 마음과 생각을 하나님의 말씀에 나타난 언약에 고정시킬 수 있습니다. 하나님께서 우리를 얼마나 사랑하시고 어떻게 보살피

고 계시는지를 알면 그것이 우리에게 위안이 됩니다. 의사가 나에게 시한부 선고를 해도, 세상에 종말이 오더라도 상관없습니다. 성경말씀은 이렇게 선포하고 있습니다.

> 하나님은 우리의 피난처이시며, 우리의 힘이시며, 어려운 고비마다 우리 곁에 계시는 구원자이시니, 땅이 흔들리고 산이 무너져 바다 속으로 빠져 들어도, 우리는 두려워하지 않는다
>
> 시편 46:1-2, 새번역

그래서 우리도 이렇게 선포할 수 있습니다. "어떤 상황에서도 나는 주님을 신뢰합니다!" 또 이렇게 선포할 수 있게 되길 바랍니다. "하나님, 지진, 태풍, 불황, 전염병, 전쟁 등 그 어떤 일이 일어나든 상관없습니다. 저는 축복 받은 자이기 때문입니다! 저에게 어떤 것이 필요하기도 전에 주님은 이미 그것을 공급해 놓으셨습니다. 그러니 저에게 어떤 일이 닥쳐도 저는 주님만 바라볼 것입니다! 그 무엇도 나를 넘어뜨릴 수 없습니다." 당신도 이렇게 될 수 있습니다. 이것은 믿음으로 되는 것이기 때문입니다.

우리는 이미 모든 신령한 복을 받았습니다(엡 1:3). 그것은 이미 완성된 일입니다. 이 사실만으로 우리는 일어나 소리칠 수 있습니다! 그런데 어떤 이유인지 몰라도 이러한 진리는 많은

사람들에게 받아들여지지 않습니다. 그래서 좀 더 상세한 부분을 신명기 28장을 통해 말씀드리겠습니다.

첫째, 구약을 올바로 해석하는 방법을 알아야 합니다. 구약은 신약이 아니기 때문에 둘 사이에는 차이가 있습니다. 구약에서의 축복은 당사자가 한 일에 달려 있었습니다. 신약에서는 모든 것이 예수님께서 하신 일에 달렸고 우리가 그분을 믿느냐, 안 믿느냐에 달렸습니다. 당신이 그리스도를 믿는다면 자격이 있든, 없든 하나님께서 공급하신 모든 것을 받습니다. 신약에서는 그 누구도 자신의 자격에 따라 받는 것이 아닙니다. 구약에서는 모든 사람이 자신의 자격대로 받았습니다. 거룩하게 살았거나, 그게 아니면 거룩하게 되기 위한 모든 조건을 충족시키기 위해 희생 제사를 드리는 고생을 해야만 했습니다. 신약에서는 모든 것이 이미 공급되어져 있으며 이미 공급된 그것을 받으려면 예수님을 영접하면 됩니다. 주님을 영접하면 주님께서 주실 모든 것을 받게 되는 것입니다.

예수님을 통해 주어진 것들

그러므로 믿음으로 말미암은 자는 믿음이 있는 아브라함과 함께 복을 받느니라 … 그리스도께서 우리를 위하여 저주를 받은 바 되사 율법의 저주에서 우리를 속량하셨으니 기록된 바 나무에 달린 자마다 저주 아래에 있는 자라 하였음이라

갈라디아서 3:9, 13

나무에 달린 자는 모두 저주받은 자들이었습니다. 그렇기 때문에 예수님께서 나무(십자가)에 달리셨다는 것은 예수님께서 자신에게 저주를 담당시키셨다는 뜻입니다. 주님은 우리를 위해 저주가 되셨고 우리를 저주에서 구속하셨습니다. **"이는 그리스도 예수 안에서 아브라함의 복이 이방인에게 미치게 하고 또 우리로 하여금 믿음으로 말미암아 성령의 약속을 받게 하려"** 하기 위함이었습니다(갈 3:14).

각 사람의 행위에 따라 조건적이었던 구약의 모든 축복이 이제는 예수님을 통해 우리가 누릴 수 있는 상태가 되었습니다. 모든 것을 제대로 하지 못할지라도 그리스도를 믿은 것 때문에 우리는 축복받은 사람이 되었습니다. 이 얼마나 놀라운 일입니까!

"모든"

옛 언약 아래에서는 각 사람의 행위에 따라 축복이 조건적이었습니다.

네가 네 하나님 여호와의 말씀을 삼가 듣고 내가 오늘 네게 명령하는 그의 모든 명령을 지켜 행하면 네 하나님 여호와께서 너를 세계 모든 민족 위에 뛰어나게 하실 것이라 네가 네 하나님 여호와의 말씀을 청종하면 이 모든 복이 네게 임하며 네게 이르리니　　　　　　　　　　신명기 28:1-2

　사람들은 이 구절을 보통 다음과 같이 설교합니다. "하나님은 당신을 축복하기 원하시는데 당신은 부지런히 순종하지 않습니다. 더 열심을 내십시오! 하루에 한 시간 기도하고 있다면 두 시간으로 늘리세요. 10%를 헌금하고 있다면 20%로 올리세요. 더 사랑하고 더 섬기고 더 많이 하세요." 그러면서 당신의 삶에 축복이 임하지 않는 이유는 당신이 똑바로 살지 않았기 때문이라고 말합니다.

　그러나 위에 언급한 신명기 28장 1절에 "모든"이라는 단어를 봅시다. 이 말은 "할 수 있는 한 많이"라는 뜻도 아니며 "전보다 많이"라는 뜻도 아닙니다. "다른 사람들보다 많이"라는 뜻도 아니며 "다른 사람들과 비교하여 많이"라는 뜻도 아닙니다. 하나님의 명령 안에 있는 **"모든"** 것을 행해야 한다는 뜻입니다. 각각의 모든 명령을 지켜 따르지 않으면 신명기 28장 1-14절에 나와 있는 축복이 아닌 15-68절에 나와 있는 저주를 받게 됩니다. 그런데 새 언약의 성도들이 대부분 이

부분을 잘못 해석하여 이렇게 생각합니다. '내가 이렇게 안 풀리는 이유가 다 이거였구나! 나는 이것도 순종하지 않았고 저것도 행하지 않았잖아.'

최근에 한 남성분이 저에게 해 준 말인데 자신이 담배 때문에 지옥에 가지는 않는다는 사실을 알고 너무나 자유해졌다고 합니다. 그래서 제가 그분에게 이렇게 말씀드렸습니다. "물론 담배 핀다고 지옥에 가지는 않습니다. 그런데 냄새는 꼭 지옥에 갔다 온 것 같지요!" 아무튼 이러한 진리가 지옥에 대한 두려움에서 그를 자유케 하였고 지금은 담배도 피우지 않게 되었다고 합니다. 이 진리가 그의 삶 가운데 있었던 중독을 끊어준 것입니다.

너무도 많은 사람들이 "그런 짓을 하면 지옥 간다. 구원을 잃어버린다!"고 합니다. 모든 것이 그 사람의 행동에 달렸다는 논리입니다. 사람들이 그렇게 생각하는 이유는 신명기 28장 1-2절 같은 구절 때문인데 중요한 것은 옛 언약은 새 언약의 눈으로 해석해야 한다는 것입니다.

이제 예수님을 통하여 우리는 율법의 모든 저주에서 속량받았습니다(갈 3:13). 그렇기 때문에 우리는 모두 그리스도를 통해 신명기 28장 15-68절에 나와 있는 모든 저주들로부터 속량을 받았습니다.

그래서 가끔은 이 저주 부분도 읽을 필요가 있습니다. 그것이 대부분의 사람들의 인생을 묘사하고 있기 때문입니다. 질병과 병약함은 저주 부분에 나와 있습니다. 그런 것들은 축복이 아니라는 뜻입니다. 저주입니다. 사람들은 사실 이러한 저주에서 속량 받았는데도 불구하고 그것이 저주라는 것도 알지 못한 채 그 저주 아래에서 살아가고 있습니다. 그리스도 안에 있는 자는 이러한 저주를 받을 필요가 없습니다!

새 언약의 눈

신명기 28장을 새 언약의 눈으로 읽으면 이렇게 됩니다. "예수님께서 이 모든 명령을 지켜 행하셨기 때문에 이 모든 축복들이 이제 그리스도 안에서 내 것이다. 나는 예수님을 믿었고 그분이 행하신 일을 믿기 때문에 이 모든 축복들은 나에게 일어난다. 여기에 기록된 모든 저주들은 이제 축복으로 바뀌었다. 여기에 저주라고 기록된 것들은 나와 상관이 없다. 나는 그러한 저주아래 있지 않기에 축복을 받는다!"

아내와 제가 결혼한 뒤 사역을 막 시작했을 때, 우리는 작고 허름한 집에 살았습니다. 전혀 단열이 안 되는 곳에서도 살았는데 가까스로 집을 따뜻하게 해 놓으면 바로 추위가 닥치곤 했습니다. 온도차로 인해 벽에는 습기가 가득했고 특히 볕이

들지 않는 붙박이장에는 곰팡이가 생겼습니다. 그런데 곰팡이도 저주 중 하나라는 것을 아십니까?

> 주께서 … 곰팡이로 너를 치시리니…
> 　　　　　　　　　　　신명기 28:22, 킹제임스 흠정역

곰팡이는 저주입니다. 그래서 아내와 저는 장을 열고 신명기 28장 22절을 읽었습니다. "곰팡이야, 너는 저주다." 그리고 갈라디아서 3장 13절을 펴고 선포했습니다. "그리스도께서 저주로부터 우리를 속량하셨으니 너는 우리 집 벽에서 사라져라!" 이렇게 곰팡이에게 떠날 것을 명령했습니다. 그랬더니 약을 뿌리거나 한 것도 아닌데 곰팡이가 없어졌습니다. 우리가 그 저주를 저주했던 것입니다.

어떤 사람들은 "못 믿겠는데?"라고 할지 모르겠습니다. 그런 사람들에게는 이런 일이 일어나지 않습니다. 그것은 축복의 능력을 믿지 않는 것이기 때문입니다. 예수님께서 우리를 저주에서 속량하셨다는 갈라디아서 3장 13절의 말씀을 믿지 않는 것입니다. 저와 아내는 말씀을 믿기 때문에 곰팡이에게 명령했고 그것은 떠났습니다.

우리는 신명기 28장 15-68절에 나열된 모든 저주에서 속량 받았습니다. 우리가 저주해야 할 저주에는 어떤 것들이 있는지

그 구절들을 읽어봐야 합니다. 그리스도를 믿는 믿음을 통해 모든 축복이 당신에게 이미 임해 있습니다. 축복을 받는 것은 내가 모든 것을 제대로 행했기 때문이 아니라 예수께서 모든 것을 올바로 하셨기 때문입니다.

18

생명을 택하라

성읍(도시)에서도 복을 받고 들에서도 복을 받을 것이며

신명기 28:3

우리는 어디에 살더라도 축복받은 자들입니다. 어떤 사람들은 '시골에서는 성공할 수 없어. 도시에 가서 일자리를 구해야지.'라고 생각합니다. 그러나 하나님의 말씀을 믿는다면 들에 있어도 복을 받습니다. 반대로 또 어떤 사람들은 이렇게 생각합니다. '나는 도시에 살지만 여기는 너무 척박해. 도시를 떠나고 싶어.' 아닙니다. 우리는 도시에서도 복을 받고 들에서도 복을 받습니다. 어디에 있든 상관없습니다. 하나님을 신뢰한다면 장소는 우리의 형통 여부를 결정하지 못합니다(신 28:3).

네 몸의 자녀와 네 토지의 소산과 네 짐승의 새끼와 소와 양의
새끼가 복을 받을 것이며　　　　　　　　　신명기 28:4

이 말씀은 우리 자신과 우리에게 속한 모든 것이 모든 면에서 결실을 맺는다고 합니다. 우리는 자녀를 갖게 될 것이고 우리의 땅도 복을 받을 것입니다. 우리의 농작물과 나무도 복을 받을 것입니다. 우리에게 속한 가축이나 동물도 복을 받을 것입니다. 집에서 키우는 동물이 있다면 개, 고양이, 금붕어 그 외에 어떤 동물이든 이 구절을 가지고 동물들을 위해 기도할 수 있습니다. 우리에게 속해 있기 때문에 그들도 축복을 받았습니다!

피칸 나무

결혼 초기에 저희 부부는 정말 가진 것이 없었습니다. 실제로 저희 어머니 때문에 먹고 살 수 있었는데 어머니는 저희 형편에 대해 전혀 모르셨습니다. 말씀을 드리지 않았거든요. 제가 어머니 댁에 잔디를 깎으러 가곤 했는데 그때 어머니께서 밥을 차려주셨습니다. 어떨 땐 며칠 동안 먹은 것이 그게 전부일 때도 있었습니다. 그것이 너무 감사할 따름이었습니다.

당시 저희 어머니 댁 뒤뜰에는 23그루의 피칸 나무가 있었

는데 아버지께서 살아계실 적에는 가지도 치고 비료도 주고 하셨습니다. 그러면 매해 300-400 파운드의 피칸이 수확되곤 했습니다. 그런데 아버지께서 돌아가시고 나서 어머니는 피칸 나무들을 그냥 내버려 두셨습니다. 그러자 곧 벌레가 껴서 50파운드 정도만 열렸습니다.

그래서 제가 어머니 마당의 잔디를 깎을 때 신명기 28장 4절과 8절을 붙잡고 기도했습니다.

> 여호와께서 명령하사 네 창고와 네 손으로 하는 모든 일에 복을 내리시고 네 하나님 여호와께서 네게 주시는 땅에서 네게 복을 주실 것이며

그리고서 이렇게 선포했습니다. "이 땅의 열매는 축복 받았다. 내가 손을 대는 모든 것은 축복 받았다." 나무 주변 잔디를 깎을 때면 나무에 손을 얹고 축복했습니다. 벌레를 저주하면서 떠나라고 명령했습니다. 그런데 나무에 약을 뿌리거나 비료를 주지도 않았는데 그 해 600파운드가 넘는 피칸을 수확했습니다. 어떤 사람들은 "글쎄요, 전 안 믿어지네요."라고 할지도 모르겠습니다. 믿지 않는다면 그런 일은 일어나지 않을 것입니다. 그러나 축복이 어떻게 역사하는지 말씀드리는 것입니다.

신명기 28장 8절에 따르면 우리가 손을 대는 것은 모두 축복

을 받는다고 합니다. 그 말씀을 믿는다면 화초를 축복할 수도 있고 꽃에도 생명을 선포할 수 있습니다. 혹시 키우는 화초마다 다 죽는다면 그 저주를 되돌릴 수 있습니다. "나는 화초를 잘 못 키워!"라는 말을 이제 그만 하십시오. 그런 말 대신 축복을 말하십시오. "무슨 일을 해도 나는 축복 받은 사람이다!"라고 선포하십시오. 그러면 화초가 잘 자라는 것을 보게 될 것입니다. 어떤 사람들은 수십 년간 자신을 저주하며 살아왔습니다. 그러면서 왜 일이 잘 안 풀리는지 의아해 합니다. 자기 자신의 말에 묶인 것인데 말입니다!

창고가 있는가

네 광주리와 창고가 복을 받을 것이니라.

신 28:5, 한글 킹제임스

창고가 없다면 없는 창고를 하나님께서 어떻게 축복하시겠습니까? 창고에 따로 비축해 놓은 것이 없다면 하나님께서 축복할 것도 없는 것입니다.

하나님은 제 친구 알 젠들Al Jandl에게 이 진리를 매우 세밀하고 강력한 방법으로 가르쳐주셨습니다. 그래서 그는 이 주제에 관한 책도 썼습니다. 주께서 그에게 말씀하시기를 그에게 창고가 없는데 없는 창고를 어떻게 축복하겠냐고 하셨습니다. 그래서 그는 형편이 어려웠기 때문에 일단 1달러로 통장을 개설했습니다. 그리고 매주 1달러씩 저축했습니다. 여기서 대부분의 사람들은 이렇게 생각할 것입니다. "그게 얼마나 된다고. 일 년 동안 해 봐야 52달러네. 그 돈으로 뭘 하겠어?" 그런데 말하자면, 통장은 돈을 따로 떼어 비축해 놓는 창고이기 때문에 하나님께서 그것을 축복하실 수가 있습니다. 하지만 아무것도 없다면 하나님께서 아무리 축복을 하시더라도 백 곱하기 0은 0일뿐입니다.

그 친구는 통장에 매주 1달러씩 저축했는데 짧은 기간에 하나님께서 그를 초자연적으로 축복하기 시작하셨습니다. 이제 그는 텍사스 휴스턴 근처에 150에이커 정도의 땅에 2천명까지 수용할 수 있는 시설을 소유하고 있습니다. 거기에는 놀이공원 비슷한 시설과 기숙사도 있습니다. 대략 4-5천만 달러에 달하는 시설을 대출 없이 소유하고 있는 것입니다. 그가 매주 1달러씩 따로 떼어 하나님께서 축복하실 수 있도록 했기 때문입니다.

주님은 당신의 저축(창고, 신 28:5)을 축복하십니다. 그러나 당신에게 창고가 없다면 없는 창고를 그분이 어떻게 축복하실 수가 있겠습니까. 그러니 저축을 해야 합니다(신 28:8). 주님께서 당신의 광주리와 창고를 축복하실 것입니다!

들어와도, 나가도

네가 들어와도 복을 받고 나가도 복을 받을 것이니라

신명기 28:6

우리의 단체 건물 입구에는 "들어와도 복을 받고"라고 쓰인 매트가 깔려있고 출구에는 "나가도 복을 받고"라고 쓰인 매트가 깔려 있습니다. 얼마나 말씀을 잘 상기시켜 주는지요! 들어가고 나갈 때 마다 그 매트에 쓰여 있는 말씀을 봅니다. 여러분도 들어가든 나가든 축복 받은 자임을 자신에게 상기시키십시오. 우리는 어디에 있든 축복 받은 자입니다(신 28:3, 6).

저는 사람들이 "요즘 어떠시냐?"고 물으면 항상 "저는 축복 받은 사람입니다."라고 대답합니다. 지난 30년간 하루에 20번씩은 그렇게 말했을 것입니다. 그러면 $20 \times 365 \times 30 = 219,000$이라는 계산이 나옵니다. 저는 제가 하는 말을 믿기 때문에 수년간 계속해서 이 말을 했던 것입니다. 그 결과가 어떤지 아십니까? 저는 엄청나게 축복 받았습니다!

혹시 이렇게 생각하십니까? '목사님, 저는 축복 받은 사람이 아니에요.' 그것은 당신의 생각입니다. 당신이 거듭난 사람이라면 알든, 모르든, 믿든, 안 믿든, 당신은 예수님을 통해 축복을 받았습니다. 그리고 하나님은 선택을 하라고 말씀하십니다.

> 내가 오늘 하늘과 땅을 불러 너희에게 증거를 삼노라 내가 생명과 사망과 복과 저주를 네 앞에 두었은즉 너와 네 자손이 살기 위하여 생명을 택하고   신명기 30:19

하나님은 둘 중에 하나를 택하라고 하시고는 답도 주셨습니다. 생명을 택하라. 축복을 선택하라. 당신도 그것을 선택해야 합니다. 우리에게 선택권이 있기 때문에 저는 축복 받는 것을 택했습니다. 앞으로도 계속 그럴 것입니다.

음성 활성화

"목사님, 저는 저주를 선택한 적이 없어요." 아니요, 당신은 저주를 선택했습니다. 저주를 환영하거나 좋아하진 않았겠지만 스스로를 그냥 인간일 뿐이라고 생각하는 것을 선택했습니다. "내가 삶과 죽음, 복과 저주 중에 하나를 선택한다고? 나에게는 선택권이 없어."라고 믿기로 선택한 것입니다. 그러나 반대로 자신을 축복 받은 자로 믿기로 선택할 수도 있습니다. 들어와도 복을 받고 나가도 복을 받을 수 있습니다 (신 28:6).

여호와께서 너를 대적하기 위해 일어난 적군들을 네 앞에서 패하게 하시리라 그들이 한 길로 너를 치러 들어왔으나 네 앞에서 일곱 길로 도망하리라   신명기 28:7

이 말씀에는 강력한 권세가 있습니다. 게다가 "적군들"이란 단지 사람들만 말하는 것이 아닙니다. 가난, 질병, 걱정, 스트레스 등 당신을 대적하는 모든 것입니다. 그런 것들은 형통하지 못할 것입니다(엡 6:11-13)!

너를 치려고 제조된 모든 연장이 쓸모가 없을 것이라 일어나 너를 대적하여 송사하는 모든 혀는 네게 정죄를 당하리니 이는 여호와의 종들의 기업이요 이는 그들이 내게서 얻은 공의니라 여호와의 말씀이니라   이사야 54:17

이 축복이 당신의 것입니다!

여호와께서 명령하사 네 창고와 네 손으로 하는 모든 일에 복을 내리시고 네 하나님 여호와께서 네게 주시는 땅에서 네게 복을 주실 것이며   신명기 28:8

저는 이 구절을 좋아합니다. 28장 8절은 2절과 일치합니다.

> 네가 네 하나님 여호와의 말씀을 청종하면 이 모든 복이 네게
> 임하며 네게 이르리니   신명기 28:2

우리가 축복을 따라다니는 것이 아닙니다. "복 받기 참 어렵네!"라며 이 예배 저 예배 쫓아다니라는 말이 아닙니다. 축복이 우리를 따라다니는 것입니다! 축복이 임하여 우리를 압도할 것입니다. 하나님의 축복이 우리보다 뒤처지는 일은 없습니다. 하나님의 축복이 우리를 따라다니고, 쫓아다니며, 우리에게 복 주려하고 있습니다. 그런데 우리의 협조가 필요합니다. 우리가 그것을 믿어야 하고 그렇게 말해야 합니다. 하나님의 축복은 말로 풀어져 나오기 때문입니다.

"우리를 떠나라"

> 여호와께서 명령하사 네 창고와 네 손으로 하는 모든 일에 복을 내리시고 네 하나님 여호와께서 네게 주시는 땅에서 네게 복을 주실 것이며   신명기 28:8

앞에서도 언급했지만 하나님은 내가 손대는 것을 축복하시기 때문에 하나님께서 축복하시려면 내가 손을 대는 것이 있

어야 합니다. 100 곱하기 0은 0입니다. 그런데 정부의 지원이나 실업급여 같은 것을 받고 살면서 일하지 않는 사람들이 있습니다. 미국의 경우에는 맥도널드에서 일하는 것보다 정부 지원금으로 사는 쪽이 액수 면에서는 더 낫습니다. 차이가 있다면 하나님은 정부 지원금이나 실업수당을 축복하실 수 없다는 것입니다. 하나님은 우리가 손대는 것, 우리가 하는 일을 축복하시는데 그런 수당을 받고 있는 사람들은 하는 일이 없기 때문입니다. 맥도널드 같은 곳에서 일한다면 실업 수당이 깎인다 할지라도 그 사람은 형통할 수 있습니다. 왜냐하면 하는 일이 생겼고 하나님은 이제 그 일을 몇 배로 배가시켜 주실 수 있기 때문입니다. 하지만 실업 수당이나 정부 지원금을 배가시켜 주실 수는 없습니다. 이것은 진리입니다. 못마땅한 마음에 이 진리를 거절하는 사람들도 있겠지만 제가 이 진리를 전하지 않음으로써 그 사람들을 대신해서 이 진리를 거절할 수는 없습니다. 저는 하나님 말씀의 진리를 말씀드리고 있습니다.

여호와께서 명령하사 네 창고와 네 손으로 하는 모든 일에 복을 내리시고 네 하나님 여호와께서 네게 주시는 땅에서 네게 복을 주실 것이며 여호와께서 네게 맹세하신 대로 너를 세워 자기의 성민이 되게 하시리니 이는 네가 네 하나님 여호와의 명령을 지켜 그 길로 행할 것임이니라 땅의 모든 백성이 여호와의 이름이 너를 위하여 불리는 것을 보고 너를 두려워하리라 신명기 28:8-10

이런 말을 들어 본 적이 있으십니까? "당신은 그리스도인이군요. 하나님의 축복을 받은 것을 보니 알겠어요." 이삭은 왕으로부터 떠나달라는 말을 들었는데 그 왕이 소유한 것을 다 합친 것보다 이삭이 더 강하고 부유했기 때문입니다(창 26:12-17). 왕이 이렇게 말했습니다. "우리를 떠나라. 우리가 너를 감당할 수가 없다." 이것이 정상적인 모습이어야 합니다. 우리의 삶에서 역사하는 하나님의 능력과 축복을 사람들도 알아볼 수 있어야 합니다.

하나님은 당신이 축복을 너무 많이 받은 나머지 사람들도 그것을 알게 되길 원하십니다. 물론 마음mind을 새롭게 하고 씨를 심고 거두는 일은 시간이 조금 걸립니다. 갑자기 저절로 변하지는 않습니다. 그러나 그것을 목표로 삼아야 합니다. 이렇게 선포하십시오. "나는 하나님의 축복을 받았다. 그것을 모든 사람들이 알게 될 것이다. 하나님의 축복이 나타날 것이고 사람들이 내 삶에 주님의 축복이 임했다는 것을 알게 될 것이다." 할렐루야! 모든 영광이 예수님께 있습니다!

가뭄을 끊어라

여호와께서 네게 주리라고 네 조상들에게 맹세하신 땅에서 네게 복을 주사 네 몸의 소생과 가축의 새끼와 토지의 소산을 많게 하시며 여호와께서 너를 위하여 하늘의 아름다운 보고를 여시사 네 땅에 때를 따라 비를 내리시고 네 손으로 하는 모든 일에 복을 주시리니 네가 많은 민족에게 꾸어줄지라도 너는 꾸지 아니할 것이요 　　　　신명기 28:11-12

이 얼마나 능력 있는 말씀입니까! 하나님께서 하늘을 열어 비를 내리실 것이기에 가뭄이 올 이유가 없습니다. 그렇기 때문에 우리는 가뭄을 끊을 수 있습니다. 아내와 저는 우리가 목회했던 여러 교회에서 기도로 가뭄을 끊은 적이 있습니다.

우리 아이들이 어렸을 때 존 마틴John Martin 저수지에 놀러 간 적이 있었는데 그 저수지는 항상 물이 가득 차 있어서 반대편을 볼 수 없을 정도였습니다. 그런데 당시 콜로라도에 가뭄이 심해서 저수지 아래로 걸어 내려가서 강을 건널 수 있을 정도였습니다. 강이 아니라 개천 수준이었습니다.

그래서 우리 교회 성도들과 함께 기도하기 시작했습니다. 우리는 이 구절을 근거로 권세를 취해 가뭄을 끊었습니다. 저는 거기 서서 이렇게 말했습니다. "다시는 이 저수지가 마르지 않을 것이다." 그리고 그 곳을 축복했습니다. 어떻게 됐을까요? 비가 내리기 시작했습니다. 그것이 1978년 일이었습니다. 그 저수지는 물로 가득 찼고 그 뒤로 마른 적이 없습니다. 그 저수지는 축복 받은 저수지가 된 것입니다!

"목사님 기도 때문에 그렇게 됐다고 생각하시는 겁니까?" 네, 물론 저는 그렇게 생각합니다! 하나님께서 기도에 응답하지 않으신다고 생각한다면 기도는 왜 합니까? 저만 기도한 것은 아니겠지만 저의 기도와 믿음이 그러한 변화를 만들었다고 믿습니다. 당신도 할 수 있습니다.

우두머리

> 여호와께서 너를 머리가 되고 꼬리가 되지 않게 하시며 위에만 있고 아래에 있지 않게 하시리니 오직 너는 내가 오늘 네게 명령하는 네 하나님 여호와의 명령을 듣고 지켜 행하며
>
> 신명기 28:13

우리는 꼬리가 아니라 머리가 되어야 합니다. 썰매 끄는 개를 한번 생각해 보십시오. 선두에 서지 못하면 다른 개의 꽁무니만 봐야 합니다. 한번 생각해 보십시오. 앞에 보이는 전경이 항상

그렇다는 것을! 그래서 맨 앞에 서야 하는 것입니다. 그래야만 다르게 볼 수 있습니다. 꼬리가 아니라 머리가 되십시오.

또한 우리는 아래가 아니라 위에 있어야 합니다. 사람들에게 어떻게 지내냐고 물으면 "이런 상황 아래에서 그럭저럭 나쁘지는 않아요."라고 합니다. 그러면 저는 '왜 그 상황 아래에 있지?'라는 생각이 듭니다. 우리는 위에 있어야 합니다. 아래에 있어서는 안 됩니다. 당신도 그 상황 아래에 있을 이유가 없습니다!

꼬리가 아니라 머리입니까? 아래가 아니라 위에 있습니까? 주님은 우리가 어디에 있어야 하는지 말씀해 주고 계시며 그것 또한 축복입니다. 이 축복들을 받아들이겠습니까? 생명과 사망, 복과 저주 중에서 하나를 선택하는 것은 바로 나 자신입니다(신 30:19). 우리는 꼬리가 아니라 머리가 되길 선택할 수 있습니다. 아래가 아니라 위에 있길 선택할 수 있습니다. 다른 사람들처럼 삶에 지쳐 쓰러질 필요가 없습니다. 주님의 축복을 받았기 때문입니다!

"왜 이렇게 내버려 두었나?"

사람들은 항상 저에게 눈물을 짜내는 이야기를 합니다. 눈물을 머금고 자신의 상황이 얼마나 힘든지 말하면서 동정과 위로,

도움을 바랍니다. 그런데 저는 그때마다 정신 차리라고 말해 주고 싶습니다. "왜 일이 이렇게 되도록 놔두셨습니까? 감당이 안 될 지경까지 왜 놔두셨습니까?" 그러면 그들은 이렇게 말합니다. "제가 통제할 수 없는 상황이었다고요!"

만약 당신도 그렇다면 그것은 자신이 축복 받은 사람이라고 믿지 않는 것이고 그래서 그런 일들이 자신을 압도하도록 그냥 놔두는 것입니다. 자신은 그런 저주 아래에서 살 수 밖에 없다고 믿으면서 부족함을 받아들인 것입니다. 자신도 다른 사람들과 같은 그냥 인간일 뿐이라고 생각하니까요. 하지만 우리는 그냥 인간이 아닙니다. 삼분의 일은 성령님으로 가득합니다. 우리는 꼬리가 아니라 머리입니다. 아래 있지 않고 위에 있습니다. 우리는 축복 받은 사람들입니다!

신명기 28장 전체를 읽어보시기 바랍니다. 그 속에 있는 축복들을 깊이 새기십시오. 그리고 거기에 저주라고 나와 있는 것들은 이제 가지고 있을 필요가 없다는 것을 기억하십시오. 그리스도를 통해 저주가 사라지고 축복이 임했습니다. 진리를 믿어 저주 대신 축복을 받아 누리십시오. 당신은 축복 받은 사람입니다!

19

기쁨

> 복 있는 사람은 악인들의 꾀를 따르지 아니하며 죄인들의 길에 서지 아니하며 오만한 자들의 자리에 앉지 아니하고
>
> 시편 1:1

우리는 우리가 생각하는 것보다 더 많은 세상의 거짓말을 받아들여 왔습니다. 세상은 우리에게 말합니다. "너는 이것도 할 수 없고, 저것도 할 수 없어", "이제 독감 시즌이 돌아 왔다.", "이런 것은 반드시 해야 돼.", "그 나이에는 이런 병이 생기기 마련이야." 우리는 이런 말들을 받아들여 왔습니다. 그것은 악인의 꾀를 따르며 부정적인 상황이 생길 것을 지레짐작하는 것입니다. 세상 사람들과 다를 바가 없는 것이지요.

그런데 모세는 어땠을까요? 그는 120세까지 살았는데 육신의 힘이 쇠하지 않았으며 시력도 나빠지지 않았습니다(신 34:7).

모세가 그랬다면 그가 가진 언약보다 더 좋은 언약을 가진 우리는 최소한 모세가 누렸던 것을 기대할 수 있지 않겠습니까 (히 8:6)! 그런데 사람들은 60-70세 정도가 되면 서서히 인생을 마무리 할 준비를 해야 된다고 합니다. 아닙니다. 우리는 활발히 활동해야 합니다. 그런 말들은 자기 스스로를 저주하고 축복을 막는 것입니다. 하나님은 절대 축복을 멈추지 않으실 것이며 사탄마귀도 그 축복을 막을 수 없습니다. 우리 삶에 축복이 역사할 것인지 말지를 결정하는 것은 바로 우리 자신입니다.

대부분 오늘날의 대학들은 하나님을 반대하는 문화를 조장하고 있습니다. 일반 대학에 입학하는 크리스쳔 학생들의 90%가 1년 뒤에는 신앙을 버린다는 통계가 있습니다. 세상의 대학이 하나님에 대한 믿음을 무너트리려 하기 때문입니다. 하버드, 예일, 프린스턴처럼 기독교 대학으로 시작한 곳도 이제 하나님을 대적하고 있습니다.

저희 캐리스 바이블 칼리지의 1학년 과정은 근본적인 진리에 기본을 다질 수 있도록 설계되어 있습니다. 세상으로 나아가 영향력을 끼치도록 부르심 받은 사람들에게 적합한 과정입니다. 변호사, 의사 또는 다양한 분야의 전문가가 되기 위한 학교에 들어가기 전에 1년간 정신적으로, 영적으로 앞으로 맞닥뜨릴 일에 대비하게 합니다. 1학년 과정만 이수하더라도 믿음을 세울 수 있기 때문에 확실한 준비 없이 늑대 굴에 던져지는 위기를 모면할 수 있습니다. 세상이 너무 타락해 있으니까요!

항상

미국은 한때 성경적 원칙에 근거한 기독교 사회였습니다. 그러나 오늘날은 그렇지 않습니다. 사람들은 하나님께서 원하시는 것에 대해 제도적으로 반대하고 나섰습니다. 매우 타락한 세상입니다.

슬픈 현실은, 악인의 꾀를 좇는 그리스도인들이 있다는 것입니다(시 1:1). 그들은 동성결혼을 승인하고 낙태를 지지하며 온갖 비성경적인 것들을 받아들입니다. 그렇게 하는 것은 악인의 꾀를 좇는 것이기에 그것은 그들의 삶에 하나님의 축복을 막습니다. 그들은 죄인의 길에 서며 오만한 자의 자리에 앉습니다.

그러나 그리스도를 믿는 자의 모습은 다음과 같아야 합니다.

> 오직 여호와의 율법(하나님의 말씀)을 즐거워하여 그의 율법을 주야로 묵상하는도다 시편 1:2

이것은 어쩌다 한번 말씀을 묵상하는 것을 말하는 것이 아닙니다. 하나님의 말씀을 교회 갈 때만 일주일에 한번 묵상하거나 또는 큐티를 하며 하루에 10분 묵상하는 것 이상입니다. 물론 교회에서 하나님의 말씀을 듣고 매일 큐티를 하는 것이 시작이겠지만 이 구절이 말하는 것은 하나님의 말씀을 밤낮으로 묵상하는 것입니다. 하나님의 말씀이 항상 우리의 눈과 귀 그리고 마음과 입술에 있어야 한다는 것입니다.

> 이 율법책을 네 입에서 떠나지 말게 하며 주야로 그것을 묵상하여 그 안에 기록된 대로 다 지켜 행하라 그리하면 네 길이 평탄하게 될 것이며 네가 형통하리라   여호수아 1:8

다른 말로, 하나님의 말씀을 즐거워하며 밤낮으로 묵상하면 축복을 누리게 된다는 것입니다. 이렇게 하면 하나님의 축복이 삶 가운데 나타나는 것을 체험하게 됩니다.

기복이 심한 그리스도인들

오늘날 전 세계적으로 이름만 그리스도인인 사람들이 많습니다. 그러나 성경말씀은 진정한 그리스도인(의인)이라면 믿음으로 살 것이라 합니다(하박국 2:4, 롬 1:17, 갈 3:11, 히 10:38). 그런데 대부분의 그리스도인들은 믿을 때도 있지만 계속 믿지는 않습니다. 항상 믿음에 거하지는 않는다는 말입니다. 가끔 믿음을 구하고 주일에 믿음의 시간을 보낼 뿐입니다. 수요예배에도 갈수는 있겠지만 믿음 안에 거하지는 않습니다. 우리는 믿음 안에 거해야 합니다!

믿음에 거하기 위해서는 계속해서 말씀을 묵상해야 합니다. 이것은 밤낮으로 해야 하는 일이며 그렇게 할 때 당신의 길이 형통하게 되고 성공을 거두게 됩니다(수 1:8). 그것도 역시 축복입니다!

> 그는 시냇가에 심은 나무가 철을 따라 열매를 맺으며 그 잎사귀가 마르지 아니함 같으니 그가 하는 모든 일이 다 형통하리로다
> 시편 1:3

말씀을 밤낮으로 묵상하면 하는 모든 일이 형통하게 될 것입니다. "모든 일"이 말입니다. 혹시 여기에 "아멘!"이라고 하면서도 악인의 꾀를 좇지는 않습니까? 죄인의 길에 서지는 않습니까? 오만한 자의 자리에 앉지는 않습니까? 하나님의 말씀을 밤낮으로 묵상합니까? 이 모든 것들은 연결되어 있습니다.

하나님의 축복이 우리 삶에 나타나는 것이 우리의 거룩함에

근거하지는 않지만 그럼에도 불구하고 우리 쪽의 전적인 결단이 필요합니다. 만일 하나님의 최선 이외의 것에 만족하다면 하나님의 최선은 영영 얻지 못할 것입니다. 우리는 하나님의 최선을 목표로 해야 합니다. 이 구절은 물가에 심긴 나무를 보여주고 있습니다. 가뭄이 와도 이 나무는 여전히 무성합니다. 왜냐하면 그 뿌리가 강으로부터 영양분을 흡수하기 때문입니다. 이처럼 우리에게도 불황은 없을 것입니다. 기복up and down도 없을 것입니다. 하나님이 당신에게 말씀하실 것이니까요!

핀볼게임

성령님께서 장래 일을 보여주시기 때문입니다. 이것도 역시 축복입니다!

> 그러나 진리의 성령이 오시면 그가 너희를 모든 진리 가운데로 인도하시리니 그가 스스로 말하지 않고 오직 들은 것을 말하며 장래 일을 너희에게 알리시리라   요한복음 16:13

핀볼처럼 튕겨지면서 계속 같은 자리를 빙빙 돌 필요가 없습니다. 우리는 하나님의 음성을 들을 수 있습니다(요 10:3-5)!

하나님은 2008년 1월에 제 아내에게 장인어른이 물려주신 약간의 주식을 처분하라고 말씀하셨습니다. 우리가 그렇게 하자마자 주식 시장이 바로 폭락했습니다. 우리는 물가에 심긴 나무이자 하나님의 음성을 듣는 자들이기에 주식 폭락이 우리에게 영향을 미치지 못한 것입니다(시 1:3, 요 10:27).

주식시장이 폭락하여 50%로 떨어진 뒤에 그 돈을 다시 주식에 투자했습니다. 그리고 61%의 수익을 봤습니다. "목사님, 그 중개인이 누구에요?"라고 묻는 사람들은 지금 핵심을 놓치고 있는 것입니다. 그분은 성령님이시니까요! 우리에게도 중개인이 있었고 그의 말에 의하면 자신의 고객들은 그 당시 다 이익을 얻었지만 우리가 다른 누구보다도 많은 이익을 얻었다고 합니다. 그 사람 역시 우리에게 "어떻게 그렇게 됐는지 모르겠어요."라고 했습니다. 저는 어떻게 그랬는지 압니다. 제가 축복받은 사람이기 때문입니다. 우리가 손을 대는 모든 것이 복을 받습니다(신 28:8). 할렐루야!

사함을 받음

예레미야 17장은 시편 1장과 상통합니다.

> 그러나 무릇 여호와를 의지하며 여호와를 의뢰하는 그 사람은 복을 받을 것이라 그는 물 가에 심어진 나무가 그 뿌리를 강변에 뻗치고 더위가 올지라도 두려워하지 아니하며 그 잎이 청청하며 가무는 해에도 걱정이 없고 결실이 그치지 아니함 같으리라   예레미야 17:7-8

성경말씀은 축복으로 가득 차 있으며 축복은 하나님께서 말씀으로 선포하신 은총입니다. 우리는 믿음으로 이 축복들을 역사하게 하는 일만 하면 됩니다.

> 허물의 사함을 받고 자신의 죄가 가려진 자는 복이 있도다 마음에 간사함이 없고 여호와께 정죄를 당하지 아니하는 자는 복이 있도다   시편 32:1-2

우리는 죄 사함을 받았다고 말은 하지만 많은 경우 그것이 무슨 뜻인지 이해조차 못합니다. 우리의 죄가 사함 받고 씻겨졌다는 것은 엄청난 축복입니다! 이것이 얼마나 어마어마한 축복인지 모르는 사람들이 많은 이유는 종교가 이 진리를 숨겨왔기 때문입니다. "그래, 네가 거듭날 시점까지 네가 지은 죄는 용서받았지만 그 후에 죄를 지을 때마다 죄를 고백하고 보혈로 씻어야 돼." 이러한 주장은 하나님의 용서에 조건을 다는 것인데 그 조건이란 것은 모든 죄를 하나하나 전부 다 고백해야 한다는 것입니다.

믿음을 따라 하지 아니하는 것은 다 죄니라   로마서 14:23

"나는 자격이 없어요."

그런데 말씀에 의하면 죄란 우리가 저지른 일만이 아닙니다. 그보다 더한 게 있습니다.

그러므로 사람이 선을 행할 줄 알고도 행하지 아니하면 죄니라   야고보서 4:17

죄는 우리가 하지 않은 일도 포함됩니다. 알면서도 선한 일을 행하지 않는 것도 죄입니다. 죄에 대한 성경말씀의 정의대로라면 배우자를 제대로 사랑하지 않는 것도 죄입니다. 말씀을 충분히 공부하지 않는 것도 죄입니다. 사람들을 은혜로 대하지 않고 배려하지 않는 것도 죄이며 이 세상일에 치여 다른 사람들을 생각하지 않은 것도 모두 죄입니다. 죄에 대한 성경말씀의 정의대로라면 우리는 항상 죄를 짓고 삽니다. 그렇기 때문에 우리의 양심은 항상 우리를 정죄합니다. "너는 자격이 없어. 하나님으로부터 분리되었어." 하지만 말씀은 그렇게 가르치지 않습니다.

이것에 대해 더 자세히 알기 원하시면 저의 책 '영혼몸'을 참고하시기 바랍니다.

20

하나님은 화나지 않으셨다

우리는 과거, 현재 그리고 미래의 죄까지 모두 용서받았습니다. 하나님은 우리가 아직 짓지 않은 죄까지 모두 용서하셨습니다. '이 사람 이단 아닌가?' 라고 생각할 수도 있겠지만 성경 말씀으로 증명할 수 있습니다.

> 염소와 송아지의 피로 하지 아니하고 오직 자기의 피로 영원한 속죄를 이루사 단번에 성소에 들어가셨느니라 … 이로 말미암아 그는 새 언약의 중보자시니 이는 첫 언약 때에 범한 죄에서 속량하려고 죽으사 부르심을 입은 자로 하여금 영원한 기업의 약속을 얻게 하심이라   히브리서 9:12, 15

> 율법은 장차 올 좋은 일의 그림자일 뿐이요 참 형상이 아니므로 해마다 늘 드리는 같은 제사로는 나아오는 자들을 언제나

온전하게 할 수 없느니라 그렇지 아니하면 섬기는 자들이 단번에 정결하게 되어 다시 죄를 깨닫는 일이 없으리니 어찌 제사 드리는 일을 그치지 아니하였으리요   히브리서 10:1-2

이 뜻을 따라 예수 그리스도의 몸을 단번에 드리심으로 말미암아 우리가 거룩함을 얻었노라 … 그가 거룩하게 된 자들을 한 번의 제사로 영원히 온전하게 하셨느니라
히브리서 10:10,14

그러나 너희가 이른 곳은 시온 산과 살아 계신 하나님의 도성인 하늘의 예루살렘과 천만 천사와 하늘에 기록된 장자들의 모임과 교회와 만민의 심판자이신 하나님과 및 온전하게 된 의인의 영들과   히브리서 12:22-23

마귀에게 열린 문

앞서 소개한 구절들은 우리의 과거, 현재 그리고 미래의 죄가 모두 용서받았다는 것을 확인해 줍니다. "목사님, 그런데 죄를 짓기도 전에 어떻게 용서를 받죠?" 우리는 죄를 짓기도 전에 용서를 받았어야만 합니다. 왜냐면 주께서 우리 죄를

위해 죽으신 것은 2천 년 전이었고 그것은 딱 한번이기 때문입니다. 우리의 모든 죄가 용서받았습니다. 거듭난 사람에게는 죄가 더 이상 하나님과의 관계에 문제가 되지 않습니다.

'그렇다면 이제 죄 가운데 살아도 된다는 말인가?' 아닙니다. 죄는 마귀에게 문을 열어 우리의 삶으로 들어올 수 있게 합니다.

> 너희 자신을 종으로 내주어 누구에게 순종하든지 그 순종함을 받는 자의 종이 되는 줄을 너희가 알지 못하느냐 혹은 죄의 종으로 사망에 이르고 혹은 순종의 종으로 의에 이르느니라
>
> 로마서 6:16

하나님은 과거, 현재 그리고 미래의 모든 죄를 용서하셨지만 죄를 짓는 것은 자신의 삶에 마귀를 초대하는 것과 같습니다. 자신의 삶의 문을 활짝 열고 사탄마귀에게 "나를 명중시켜봐. 나를 망쳐 봐. 할 수 있는 것은 다 해봐."라고 하는 것입니다.

> 도둑이 오는 것은 도둑질하고 죽이고 멸망시키려는 것뿐이요 내가 온 것은 양으로 생명을 얻게 하고 더 풍성히 얻게 하려는 것이라
>
> 요한복음 10:10

죄는 어리석다

죄는 어리석은 것입니다. 죄 가운데 사는 사람들은 어리석은 것입니다. 그러나 하나님은 어리석은 사람들도 사랑하십니다. 하나님께서 나에게 죄 값을 묻지 않으시겠지만 죄를 짓는 것은 마귀를 초대하는 것입니다. 죄 가운데 살면 형통하지 못합니다. 하나님께 협력하지 않는 것이기에 축복을 막게 될 것입니다.

> 마음에 간사함이 없고 여호와께 정죄를 당하지 아니하는 자는 복이 있도다 시편 32:2

바울은 하나님의 은혜에 대해 말하면서 로마서에 다음과 같이 시편을 인용했습니다.

> 일한 것이 없이 하나님께 의로 여기심을 받는 사람의 복에 대하여 다윗이 말한 바 불법이 사함을 받고 죄가 가리어짐을 받는 사람들은 복이 있고 주께서 그 죄를 인정하지 아니하실 사람은 복이 있도다 함과 같으니라 로마서 4:6-8

이 구절을 보면 인정하지 "아니하셨다"거나 "아니하신다"가 아니라 "아니하실" 것이라는 미래형을 사용합니다. 거듭나는 순간, 우리의 과거, 현재 그리고 미래의 모든 죄는 예수님께로 넘겨졌습니다. 모든 죄가 처리되었고 용서되었습니다. 하나님은 앞으로도 절대 우리에게 죄를 묻지 않으실 것입니다!

이것은 모든 종교적 가르침의 거의 90%에 반대되는 내용일 것입니다. 그런 사람들은 대부분 "죄를 지으면 하나님이 당신을 축복하지 않으실 것이다. 하나님이 역사하지 않으실 것이다. 하나님이 당신의 기도에 응답하지 않으실 것이다"고 말합니다. 죄를 지으면 형통하지 못하는 것은 사실입니다. 그러나 그것은 하나님께서 복을 안 주셔서가 아닙니다. 마귀가 우리 삶에 들어와서 도둑질하고, 죽이고, 멸망시키도록 우리가 허락했기 때문입니다(요 10:10).

당신 자신의 양심

"목사님, 그러면 차이가 없네요! 둘 다 형통하지 못한 것은 마찬가지잖아요!" 차이점은 이것입니다. 하나님이 나에게 화가 나셨고 나에게 죄 값을 담당시키신다고 생각하면 절대 담대함이나 확신, 또는 믿음을 가질 수 없습니다. 그러나 이 진리를 이해하면 이렇게 말할 수 있습니다. "하나님, 결코 저에게 등을 돌리지 않으심을 감사드립니다. 하나님은 저에게서 축복을 거두지 않으십니다. 제가 저의 어리석음으로 축복을 막았습니다. 제가 마귀에게 틈을 주었습니다. 제가 그를 제 삶에 들였습니다. 어떻게 그런 어리석은 짓을 했을까요? 그런데도 여전히 저를 사랑해주시니 감사합니다." 그리고 마귀에게 이렇게 선포하십시오. "내가 무슨 일을 저질렀든 상관없어. 예수님이 나의 주님이시기에 네가 나를 지배하는 것을 허락지 않겠다(약 4:7)." 이것은 매우 큰 차이점입니다.

그래서 우리의 죄악이 용서받았고 우리의 불의가 모두 사해졌다는 것을 반드시 알아야합니다(시 103:11-12). 하나님은 죄를 우리에게 담당시키지 않으십니다(히 8:12, 10:17).

하나님께서 노아와 맺은 언약이 조건 없는 언약이었다는 사실이 너무 다행입니다. 하나님은 노아에게 "다시는 세상을 물로 심판하지 않겠다."고 말씀하셨습니다. "나를 화나지 않게 하는 한"이라거나 "잘못을 더 이상 저지르지 않는 한"이라고 덧붙이지 않으셨습니다. 조건이 붙지 않은 언약이었습니다. 그냥 "다시는 세상을 물로 심판하지 않겠다고 나 자신에게 맹세한다."고 말씀하셨습니다. 만약 그 언약이 조건적이었다면 하나님은 벌써 물로 세상을 멸망시키시고도 남았을 것입니다. 우리는 멸망받기에 마땅하지만 다행히 그 언약에는 조건이 없었습니다.

> 이는 내게 노아의 홍수와 같도다 내가 다시는 노아의 홍수로 땅 위에 범람하지 못하게 하리라 맹세한 것 같이 내가 네게 노하지 아니하며 너를 책망하지 아니하기로 맹세하였노니
>
> 이사야 54:9

우리가 거듭난 이후로 하나님은 우리에게 화가 나신 적이 없습니다. 우리는 그렇게 생각했을지라도 사실 하나님은 우리를 책망하신 적이 없습니다. 내 양심이 나를 쳤던 것이고 형제들의 참소자(계 12:10), 마귀가 나를 정죄한 것이지 하나님은 그러지 않으십니다.

정죄함이 없다

> 그러므로 이제 그리스도 예수 안에 있는 자에게는 결코 정죄함이 없나니 … 누가 정죄하리요 …
>
> 로마서 8:1, 34

우리를 정죄하는 것은 하나님이 아니십니다(롬 8:31-35). 내 마음이 나를 정죄한 것인데 하나님이 정죄하셨다고 생각한 것입니다. 하나님은 우리에게 화가 나 있지 않으십니다. 하나님은 언짢아하지도 않으십니다. 하나님은 당신을 사랑하십니다!

정죄를 해결하는데 도움이 필요하시면 저의 책 '전쟁은 끝났습니다'를 참고하시기 바랍니다. 하나님과의 관계에 더 큰 확신을 얻는데 도움이 될 것입니다.

21

모든 악한 일

너희는 여호와의 선하심을 맛보아 알지어다 그에게 피하는 자는 복이 있도다   시편 34:8

하나님을 신뢰할 때 축복이 온다는 것을 아십니까? 나 자신을 신뢰하는 것보다 하나님을 신뢰하는 것이 훨씬 좋습니다. 하나님을 신뢰할 때 축복을 받기 때문입니다!

주께서 심지가 견고한 자를 평강하고 평강하도록 지키시리니 이는 그가 주를 신뢰함이니이다   이사야 26:3

하나님을 신뢰할 때 오는 축복 중에 하나는 평안입니다. 그런데 평안을 누리지 못하는 그리스도인들이 대부분입니다. 그들은 스트레스가 많고 걱정이 많습니다. 왜 그럴까요? 주님을 신뢰하지 않기 때문입니다. 하나님께서 역사하지 않으실까봐 걱정합니다. 하나님께서 자신들에게 죄 값을 묻고 계신다고 생각하기 때문에 그들의 삶에 문제가 발생하는 것이 당연하다고 여깁니다. 이런 일들은 계속해서 늘어나고 쌓여 갑니다.

그렇기 때문에 우리는 나의 모든 죄가 용서받았다는 사실을 알아야만 합니다. 하나님은 나를 대적하지 않으시며 내가 필요한 것이라면 무슨 일이든 하실 것입니다. 하나님께서 우리의 죄를 용서하신 가장 큰 기적이 이미 일어났는데 우리의 몸을 왜 치유하지 않으시겠습니까? 내 죄를 용서하실 정도로 나를 충분히 사랑하셨다면 내 몸을 치유하실 정도로 나를 충분히 사랑하십니다. 주님이 내 죄를 다 용서하셨다는 것을 신뢰한다면 몸도 나을 것입니다. 질병과 병약함에서 회복될 수 있을 것입니다. 주님은 당신을 온전한 평안으로 지키실 것입니다(사 26:3)!

내 자녀에게 임한 평안

의인의 자녀는 결코 주리지 않습니다. 그들에게는 큰 평안이 있으며 강하고 복될 것입니다.

내가 어려서부터 늙기까지 의인이 버림을 당하거나 그의 자손이 걸식함을 보지 못하였도다 그는 종일토록 은혜를 베풀고 꾸어 주니 그의 자손이 복을 받는도다   시편 37:25-26

네 모든 자녀는 여호와의 교훈을 받을 것이니 네 자녀에게는 큰 평안이 있을 것이며 너는 공의로 설 것이며 학대가 네게서 멀어질 것인즉 네가 두려워하지 아니할 것이며 공포도 네게 가까이하지 못할 것이라   이사야 54:13-14

할렐루야, 여호와를 경외하며 그의 계명을 크게 즐거워하는 자는 복이 있도다 그의 후손이 땅에서 강성함이여 정직한 자들의 후손에게 복이 있으리로다   시편 112:1-2

높은 사람이나 낮은 사람을 막론하고 여호와를 경외하는 자들에게 복을 주시리로다 여호와께서 너희를 곧 너희와 너희의 자손을 더욱 번창하게 하시기를 원하노라 너희는 천지를 지으신 여호와께 복을 받는 자로다   시편 115:13-15

하나님은 우리들뿐 아니라 우리 자녀들 또한 번성케 하실 것입니다. 위의 모든 말씀들이 우리의 자녀들은 복을 받을 거라 말하고 있습니다. 물론 그들이 하나님을 신뢰할 것인지를 선택해야 합니다. 우리 자녀들이 저절로 바른 길로 갈 수 밖에 없을 거란 의미는 아니지만 우리의 자녀들은 복을 받을 것입니다.

연합

제 아이들이 십대였을 때는 마치 외계인이 그 애들을 납치라도 해서 뇌를 빼 간 것이 아닌가 하는 생각이 들 정도였습니다. 아이들을 키우는 것이 죽은 자를 살리는 것보다 더 어려웠습니다('키우다'와 '죽은 자를 살리다'는 같은 영어 단어 raise/역자 주). 저는 제 아이들을 키워 봤고 제 아들 하나가 죽었을 때 살려도 봤기 때문에 잘 압니다. 죽었던 제 둘째 아들을 살리는 일은 그 아이를 키우는 것에 비하면 식은 죽 먹기였습니다. 그 아이가 죽은 상태였을 때는 적어도 대들거나 반항하지는 않았으니까요!

제 아이들이 이상한 짓을 했던 것은 사실이지만 그래도 아내와 제가 하나님을 사랑하고 그분의 뜻을 구하며 아이들을 위해 기도했기 때문에 제 자녀들은 축복받은 삶을 살아왔습니다. 그 아이들이 했던 일만 생각한다면 상황은 더 나빠졌을 것입니다. 그런데 우리 아이들은 항상 문제를 빗겨갔습니다. 왜냐면 우리의 씨는 축복을 받았기 때문입니다. 그것이 우리에게 임한 축복 중에 하나입니다!

여호와를 의지하고 교만한 자와 거짓에 치우치는 자를 돌아
보지 아니하는 자는 복이 있도다   시편 40:4

주님을 신뢰하는 사람들은 복됩니다.

보라 형제가 연합하여 동거함이 어찌 그리 선하고 아름다운
고 머리에 있는 보배로운 기름이 수염 곧 아론의 수염에 흘러
서 그의 옷깃까지 내림 같고 헐몬의 이슬이 시온의 산들에 내
림 같도다 거기서 여호와께서 복을 명령하셨나니 곧 영생이
로다   시편 133:1-3

아론은 제사장이었고 성령님을 상징하는 기름부음을 받았습니다. 성령님의 능력과 기름부으심이 그의 머리에 부어졌고 그의 수염과 옷을 통해 흘러내렸습니다. 그것은 거룩한 기름부으심이며 성령님의 능력을 의미합니다.

무엇이 이러한 축복을 가져옵니까? 누구에게 이런 축복을 명하셨습니까? 연합하여 사는 자들에게 입니다. 이 말씀은 사람들이 연합할 때만 나타나는 축복에 대해 말하고 있습니다.

"우리는 주님을 의지합니다."

분쟁은 사탄마귀가 들어오는 문을 열어줍니다!

시기와 다툼이 있는 곳에는 혼란과 모든 악한 일이 있음이라
야고보서 3:16

이는 거역하는 것은 점치는 죄와 같고 완고한 것은 사신 우상에게 절하는 죄와 같음이라 왕이 여호와의 말씀을 버렸으므로 여호와께서도 왕을 버려 왕이 되지 못하게 하셨나이다 하니
사무엘상 15:23

물론 그리스도인이라면 점을 보거나 굿을 하지는 않겠지만 하나님 앞에 자기 뜻을 굽히지 않거나 고집을 부린다면 그것은 점이나 굿, 우상숭배의 죄와 같은 것입니다. '살면서 다툴 수도 있다'고 생각하는 가정환경이나 문화에서 자랐을 수도 있습니다. 하지만 그렇지 않습니다. 시기와 다툼이 있는 곳에는 혼란과 모든 악한 일이 있습니다(약 3:16).

주일 예배 중에 심장마비로 죽었던 사람이 살아났던 교회 얘기 기억나십니까? 그 일이 있기 전에 그 교회에는 굉장히 낙심되는 일이 있었습니다. 어떤 가정의 아들이 상태가 너무 나빠

서 치유를 위해 기도하고 있었습니다. 그 아이는 식물인간 상태였는데 성도들이 모두 함께 금식하며 기도했습니다. 그럼에도 불구하고 그 아이는 죽었고 제가 그 교회에 도착하기 전에 이미 장례식도 치른 상태였습니다.

저는 목사님과 함께 그 아이의 부모님을 심방했습니다. 그분들은 슬픔에 빠져 이렇게 말했습니다. "왜 이런 일이 일어났는지 이해할 수 없어요. 하나님께서 치유하실 거라 믿었습니다. 우리가 아는 한 모든 것을 다 했지만 우리 아들은 죽었어요."

목숨을 건 장난

저도 뭐라고 말씀드려야 할지 몰라 이렇게 말했습니다. "하나님께서 치유하지 않으신 것이 아닙니다. 이것은 하나님께서 하신 일이 아니에요. 무엇이 문제인지는 모르겠지만 하나님 때문은 아닙니다. 하나님께서 기도를 안 들어 주신 것이 아닙니다." 저는 그분들을 위해 집회기간 동안 매일 저녁식사를 같이 하며 교제했는데 떠날 때 즈음 그 가정에 많은 다툼이 있었다는 것을 알게 되었습니다. 이 부부는 이혼을 하려는 중이었고 사고가 나기 전날 아들과 어머니가 싸우기도 했습니다.

그녀는 아들에게 이렇게 말했다고 합니다. "이 자식아! 이 집에서 나가서 다신 들어오지 마!" 그리고 그 아이는 학교에 갔는데 학교 규칙을 어겨가며 점심시간에 학교를 나와 친구 집으로 갔습니다. 그 아이는 친구 집에 있던 총을 가지고 장난을 치다가 자기 머리에 총을 대고 방아쇠를 당겼습니다. 그것 때문에 식물인간이 된 것입니다. 총으로 자기 머리를 쏜 것입니다. 자살하려던 것은 아니었고 그냥 어리석은 행동이었습니다. 그의 부모는 왜 그런 일이 벌어진 것인지 이해하지 못했는데 그 일은 그 집안에서 벌어지던 다툼 때문에 일어난 것이었습니다. 어떤 일이 일어나는 데에는 다 이유가 있습니다. 그 이유를 우리가 항상 알 수 있는 것은 아니지만 어쨌든 절대 하나님 때문은 아닙니다.

반면, 하나님께서는 연합이 있는 곳에 축복을 명하십니다 (시편 133편)

> 오순절 날이 이미 이르매 그들이 다같이 한 곳에 모였더니 홀연히 하늘로부터 급하고 강한 바람 같은 소리가 있어 그들이 앉은 온 집에 가득하며 사도행전 2:1-2

오순절 다락방에 믿는 자들이 연합하여 함께하자 성령님의 능력이 임했습니다. 그러나 안타깝게도 오늘 날 그리스도의 몸 된 교회는 분열되어 있습니다. 서로 나뉘었고 서로에게 화가 나 있습니다. 침례교, 감리교, 장로교 외 은사주의, 오순절파 등으로 나뉘어 자기와 다르면 연합하지 않습니다. 한 교회 내에서도 분쟁이 잦습니다. 이렇게 다투면서 삶이 왜 힘든지 그 이유를 알지 못하고 있는 것입니다.

유일한 이유

> 시기와 다툼이 있는 곳에는 혼란과 모든 악한 일이 있음이라
> 야고보서 3:16

이 말씀은 "모든 악한 일"이 있다고 말합니다. "조금"이 아닙니다. "모든" 악한 일입니다. 우리가 화를 낸다면 그것은 마귀를 풀어놓는 것입니다. "목사님, 그래도 화는 풀어야죠." 아니요. 회개하고 이겨 내야 합니다.

> 오직 교만에 의해서 다툼이 생기나 좋은 충고를 받은 자에게는 지혜가 있느니라. 잠언 13:10, 킹제임스 흠정역

다투는 이유는 오직 한 가지, 교만 때문입니다. 성격 때문이 아닙니다. 다른 사람들이 한 말과 행동 때문도 아닙니다. 우리

안에 있는 교만과 이기심 때문에 일어나는 것입니다. 그래서 화가 나는 것입니다. 하나님은 연합에 축복을 명해 놓으셨는데 그것을 추구하는 사람들조차 별로 없습니다.

사람들은 다들 누군가를 싫어합니다. 상대에게 화가 나 있거나 아예 무시하는 경우도 있습니다. 그러면서 그 문제를 극복하려 하지 않습니다. 용서하지 않는 마음을 품는 것으로 상대에게 상처를 줄 수 있다고 생각합니다. 아니요. 그렇게 함으로써 자기 자신에게 상처를 주고 있는 것입니다.

마음을 바꾸라

누군가를 미워하면서 '내가 용서하지 않으면 그 사람도 뭔가 깨닫겠지'라고 생각하는 것은 독을 마시는 것과 같습니다. 독을 마시면 해를 입는 것은 나 자신입니다. 내가 마신 독이 상대방을 해하지는 않습니다. 상대방을 용서하지 않는 것은 그들에게 상처를 주는 것이 아닙니다. 자신을 망치는 것입니다. 사탄마귀는 용서치 못하는 마음을 통해 우리의 삶으로 들어와서 하나님의 축복을 막습니다. 그래서 용서해야 하고 사랑으로 행해야 합니다.

교회로서 우리는 연합해야 합니다. 연합하지 않으면 결코 주님의 몸 된 교회에서 일어날 수 없는 일들이 있습니다. 어떤 일들은 개개인의 기준으로 이루어지지 않는 것들이 있습니다.

  오랄 로버츠 목사님이 돌아가시기 두 달 전쯤에 여러 사역자들과 함께 목사님을 방문했었습니다. 한 목사님이 물었습니다. "목사님, 어떻게 하면 이 나라를 하나님께 돌이킬 수 있을까요?" 그때 오랄 로버츠 목사님은 너무나도 지혜로운 답변을 주셨습니다. "나라를 하나님께 되돌릴 수는 없습니다. 그렇게 할 수 있는 사람은 아무도 없습니다. 한 나라를 하나님께 돌이키게 하는 것은 한 사람이 할 수 있는 일이 아닙니다. 대신 각자가 주님께 받은 사명을 감당하면 됩니다. 하나님께서 하라고 하신 일을 하는 것입니다. 다른 사람들도 그들이 하나님께 받은 사명을 감당하면 이 모든 것을 합하여 하나님께서 이 나라를 바꾸십니다. 나라를 주님께 돌이키는 것은 당신이 혼자 할 수 있는 일이 아닙니다. 그러한 책임을 스스로에게 지우지 마세요." 너무나 놀라운 지혜입니다!

  혼자 힘으로 할 수 있는 일은 없습니다. 한 사람 때문에 이 나라가 하나님께 돌아가는 일은 없습니다. 주님께 온전히 헌신된 사람을 대통령으로 뽑는다면 어떻게 될까요? 모든 정책을 하나님의 말씀에 근거하여 결정하는 사람 말입니다. 그렇게 되면 어떤 일이 벌어질지 아십니까? 내전이 일어납니다. 우리가 사람들을 얻는 전쟁에서 졌기 때문에 이 나라는 스스로를 파괴시키는 것입니다.

도덕성에 아무런 관심이 없는 국민들이 너무 많습니다. 하나님을 미워하고 도덕적인 것이라면 전부 미워합니다. 신실한 사람을 대통령으로 뽑아서 도덕적인 가치를 집행하기 시작한다면 사람들이 들고 일어날 것입니다. 백악관에 들어간 한 사람으로 인해 나라가 바뀌지는 않습니다. 우리는 먼저 우리와 같은 국민들에게 다가가야 합니다. 사람들의 마음을 바꿔야 합니다. 유권자들은 자신의 도덕성과 같은 도덕성을 가진 사람을 대통령으로 뽑기 때문입니다.

한 나라의 정부는 그 나라 국민들의 수준을 보여준다

미국의 제 1대 부통령이자 제 2대 대통령이었던 존 아담스는 '민주주의는 도덕적이지 않은 사람에게는 전혀 맞지 않고 어울리지도 않는다'고 말했습니다. 미국이 도덕성을 완전히 잃는다면 민주주의가 미국을 파괴할 것입니다. 바로 현재 우리가 경험하고 있는 일입니다. 미국은 도덕성을 버렸습니다. 이 사회는 불경건합니다. 우리 문화는 불경건한 것들을 받아들일 뿐 아니라 선전하고 있습니다.

> 공의는 나라를 영화롭게 하고 죄는 백성을 욕되게 하느니라
>
> 잠언 14:34

대통령이 나라를 바꿀 수 있다는 기대는 할 수 없습니다. 개개인의 마음이 바뀌어야 합니다. 그 나라의 국민들 사이에서 부흥이 일어나면 그 나라의 정부는 결과적으로 바뀌게 됩니다. 현재 이 나라의 정부는 이 나라의 문화를 보여주고 있습니다. 투표를 하지 않는 것은 무책임한 행동이기에 유권자라면 투표해야 합니다. 그러나 투표할 때는 겉모습이 아니라 그 후보가 하나님 말씀의 원리를 따르는가에 따라 투표해야 합니다. 외모나 성별, 출신지역은 그 사람이 의로운 사람인가 아닌가에 비해 그다지 중요하지 않습니다.

또한 우리 각자가 각자의 역할을 다해야 합니다. 저는 주님께서 저에게 명하신 일을 하고 있습니다. 하지만 제가 아무리 할 수 있는 한 많은 사람들에게 영향을 끼치려 한다 해도 저 한 사람으로는 이 나라를 바꿀 수 없습니다. 그러나 제가 저의 일을 하고 여러분도 하나님께서 이끌어주시는 그 일을 한다면, 그리고 다른 그리스도인들도 모두 빛과 소금으로서 주님께서 그들에게 원하시는 일을 한다면 그 때 이 나라는 하나님께로 돌이킬 것입니다(마 5:13-16). 그리고 이 일은 연합을 통해 이루어질 것입니다. 그래서 우리는 우리끼리 싸우는 일을 멈추고

연합해야 합니다. 주께서 거기에 축복을 명해 놓으셨기 때문입니다.

연합에는 하나님께서 부여하신 축복이 있으며 지금 우리는 그것을 경험하지 못하고 있습니다. 이 사회는 그 어느 때보다 분열되어 있기 때문입니다.

22

큰 믿음

아들들아 이제 내게 들으라 내 도를 지키는 자가 복이 있느니라 훈계를 들어서 지혜를 얻으라 그것을 버리지 말라 누구든지 내게 들으며 날마다 내 문 곁에서 기다리며 문설주 옆에서 기다리는 자는 복이 있나니 대저 나를 얻는 자는 생명을 얻고 여호와께 은총을 얻을 것임이니라 그러나 나를 잃는 자는 자기의 영혼을 해하는 자라 나를 미워하는 자는 사망을 사랑하느니라 잠언 8:32-36

내 아들아 네가 만일 나의 말을 받으며 나의 계명을 네게 간직하며 네 귀를 지혜에 기울이며 네 마음을 명철에 두며
잠언 2:1-2

이는 지혜와 훈계를 알게 하며 명철의 말씀을 깨닫게 하며

지혜롭게, 공의롭게, 정의롭게, 정직하게 행할 일에 대하여 훈계를 받게 하며 어리석은 자를 슬기롭게 하며 젊은 자에게 지식과 근신함을 주기 위한 것이니 지혜 있는 자는 듣고 학식이 더할 것이요 명철한 자는 지략을 얻을 것이라 잠언 1:2-5

우리는 지혜를 저버려왔습니다. 지혜를 위해 사람들에게 하나님의 말씀이 주어졌으나 이 사회는 그것을 거부해왔습니다. 특히 잠언은 매일의 삶을 위한 지혜로 가득합니다.

물론 이 책을 읽고 있는 분들은 다르겠지만 이 나라의 국민들 대부분과 세계의 여러 나라의 국민들이 하나님의 지혜를 거부했습니다. 오히려 세상적인 지혜를 받아들이고 사망을 사랑합니다(잠 8:36). 자신의 영혼soul을 미워하고 스스로를 파괴합니다. 그러나 하나님의 축복이 삶 가운데 역사하기를 원한다면 지혜안에서 행해야 합니다. 그리고 그 지혜는 하나님의 말씀에 계시되어 있습니다!

내가 떠나면 아쉬워할 사람이 있을까

의인을 기념할 때에는 칭찬하거니와 악인의 이름은 썩게 되느니라 잠언 10:7

의로운 삶을 살고 있다면 하나님적인 유산을 남기게 될 것입니다. 그런 사람이 이 세상을 떠나면 사람들은 "얼마나 훌륭한 사람이었나! 세상을 바꾼 사람이야."라고 할 것입니다. 그러나 악인의 이름은 썩게 됩니다. "잘 없어졌다! 자리만 차지한 사람" 이런 것을 생각하고 싶어 하는 사람들은 별로 없지만 내가 떠나고 나면 사람들은 나에 대해 뭐라고 얘기할까요?

저희 직원 하나가 교통사고로 사망하여 장례식이 있었는데 장례식에 관하여 미국에는 이런 말이 있습니다. "당신의 장례식에서 목사님이 거짓말 하지 않아도 되는 삶을 살아라." 이 사람이 그랬습니다. 그는 주님을 사랑했고 독실한 삶을 살았으며 모든 사람들이 그를 훌륭하다고 말했습니다.

당신은 어떻습니까? 당신이 지금 당장 죽는다면? 사람들은 좋은 얘기를 할까요? 기분 좋은 질문은 아닐지라도 우리 모두가 이 질문을 직면해야 합니다. 우리가 남길 유산은 어떤 것입니까? 사람들이 당신을 그리워하기를 바란다면 그들이 그리워할 뭔가를 해야 됩니다. 하나님적인 삶을 산다면 당신에 대한 사람들의 기억은 복될 것입니다(잠 10:7). 멋진 일 아닙니까? 제가 떠난 후에도 누군가는 저를 그리워하길 바랍니다.

기뻐하고 즐거워하라

핍박을 받을 때, 우리는 기뻐하고 즐거워해야 합니다. 의를 위해 핍박받는 사람들에겐 특별한 축복이 있기 때문입니다.

> 의를 위하여 박해를 받은 자는 복이 있나니 천국이 그들의 것임이라 나로 말미암아 너희를 욕하고 박해하고 거짓으로 너희를 거슬러 모든 악한 말을 할 때에는 너희에게 복이 있나니 기뻐하고 즐거워하라 하늘에서 너희의 상이 큼이라 너희 전에 있던 선지자들도 이같이 박해하였느니라
>
> 마태복음 5:10-12

언젠가 우리는 하나님 앞에 설 것이고 하나님은 모든 피조물 앞에서 우리를 높여주실 것입니다. 나에 대해 들어본 적이 없는 사람들까지 내가 주님을 위해 굳게 서서 맞선 것과 사람들에게 받은 비난과 거절, 핍박을 견딘 것에 대해 상을 받는 모습을 보게 될 것입니다. 이것을 생각하면 기뻐할 수 있습니다. 그리스도의 고난에 참여하기를 원했던 사도 바울처럼 할 수 있습니다(빌 3:10). 의를 위해 핍박 받을 때 그것은 훗날 내 면류관이 될 것이라고 생각한다면 오히려 핍박을 고대하게 됩니다. 제가 하는 말은 지혜롭지 못하게 행동하여 핍박을 야기하라는

말이 아닙니다. 그러나 말씀을 따라 살다 핍박이 온다면 기쁘게 받아들일 수 있습니다. 주님께서 그것으로 인해 복 주실 것을 알기 때문입니다.

예수님의 어머니 마리아는 축복받은 여인이었습니다. 오늘날에도 많은 사람들이 마리아에 대해 얘기합니다. 물론 예수님의 어머니로 선택받은 것은 놀라운 일이지만 주님이 직접 말씀하시길 하나님의 말씀을 듣고 지키는 자가 마리아보다 더 복되다고 하셨습니다!

> 이 말씀을 하실 때에 무리 중에서 한 여자가 음성을 높여 이르되 당신을 밴 태와 당신을 먹인 젖이 복이 있나이다 하니 예수께서 이르시되 오히려 하나님의 말씀을 듣고 지키는 자가 복이 있느니라 하시니라   누가복음 11:27-28

우리는 축복 받은 사람들입니다! 예수님은 주님의 말씀을 듣고 지키는 자가 주님의 어머니보다 더 복되다고 말씀하셨습니다.

믿음을 가로막는 사고방식

주는 자가 받는 자보다 더 복되다고 예수님은 말씀하십니다.

… 주는 것이 받는 것보다 복이 있다 …　　사도행전 20:35

이것을 정말로 이해한다면 너그럽게 주는 자가 될 것입니다. 주는 것이 복되기 때문입니다.

예수님께서 부활하셔서 제자들에게 보이셨을 때 도마는 거기 없었습니다. 그래서 나머지 제자들이 도마에게 예수님을 만났다고 말해 주었습니다. "주께서 다시 사셨다! 우리가 주님을 봤어."

> 다른 제자들이 그에게 이르되 우리가 주를 보았노라 하니 도마가 이르되 내가 그의 손의 못 자국을 보며 내 손가락을 그 못 자국에 넣으며 내 손을 그 옆구리에 넣어 보지 않고는 믿지 아니하겠노라 하니라　　요한복음 20:25

안 믿어진다는 것은 믿지 않기로 했기 때문입니다. 주님의 말씀이 아니라 다른 것을 믿기로 했기 때문입니다. '안 믿어지는데 어쩌란 말인가?'라고 생각됩니까? 안 믿어지는 이유는 그렇게 하기로 결정했기 때문입니다. 당신의 사고방식이 가로막고 있기 때문입니다. 믿지 않도록 자신을 설득했기 때문입니다. 믿지 않는 선택을 한 것입니다.

물리적인 증거

도마가 예수님께서 부활하신 것을 직접 보지 않고는 믿지 않겠다고 했을 때 예수님은 거기 계시지 않았지만 8일 후에 나타나셔서 바로 도마에게 가셨습니다. 예수님은 도마가 했던 말을 모두 알고 계셨습니다.

> 여드레를 지나서 제자들이 다시 집 안에 있을 때에 도마도 함께 있고 문들이 닫혔는데 예수께서 오사 가운데 서서 이르시되 너희에게 평강이 있을지어다 하시고 도마에게 이르시되 네 손가락을 이리 내밀어 내 손을 보고 네 손을 내밀어 내 옆구리에 넣어 보라 그리하여 믿음 없는 자가 되지 말고 믿는 자가 되라
> 요한복음 20:26-27

도마는 그분이 예수님이라는 것을 알았고 자신이 무슨 말을 했는지 예수님께서 다 알고 계신다는 것도 알게 되었습니다. 도마의 반응을 보십시오.

> 도마가 대답하여 이르되 나의 주님이시요 나의 하나님이시니이다
> 요한복음 20:28

도마가 정말로 예수님의 옆구리에 손을 넣어 봤는지, 못 자국에 손가락을 넣어 봤는지는 알 수 없습니다. 그러나 그분이 예수님이시라는 것을 알게 되자 도마는 엎드려 그분을 주님이시자 하나님으로 선언했습니다.

예수께서 이르시되 너는 나를 본 고로 믿느냐 보지 못하고 믿는 자들은 복되도다 하시니라   요한복음 20:29

물리적인 것을 직접 보거나 느껴져서 믿는 것보다 말씀을 믿는 것에 더 큰 축복이 있습니다. 이것은 강력한 신리입니다!

말씀만을 말하라

저는 침례교에서 자라면서 기적은 끝났고 더 이상 일어나지 않는다고 배웠습니다. 하나님의 임재를 몸으로 느끼는 경험은 없었습니다. 중요한 것은 믿어서 구원을 받는 것이었고 구원을 받아 천국 갈 때까지는 그 상태에서 할 수 있는 일이 없었습니다. "우리 모두 천국에 가는 날, 그 날은 얼마나 아름다운 날인가"라고 노래했습니다만 지금 여기에서 하나님을 경험하는 것은 기대도 하지 않았습니다. 언젠가 천국에 가겠지만 그때까지는 아무런 것을 기대할 수 없는 삶이었습니다. 게다가 오늘날에는 기적이 일어나지 않는다고 배웠습니다.

제가 주님께 열정을 갖게 되었을 때 케네스 해긴과 같은 분들에 대해 들었습니다. 그는 손에서 불같은 것이 느껴진다고 했고 환상을 봤으며 주님의 음성을 듣고 하나님의 능력을 따라 사역했습니다. 기적이 일어났고 사람들은 하나님의 능력 아래 쓰러지는 경험을 했습니다. 몸에 전율이 흐르는 것을 느끼는 사람들도 있었습니다. 이런 얘길 처음 들었을 때는 저도 그런 것들을 원했습니다. 환상을 보기 원했습니다. 주님의 음성을 듣기 원했기에 이런 것들을 경험하게 해 달라고 기도하며 구했습니다.

그런데 주님은 저를 요한복음 20장으로 이끌어 주셨고 도마가 부활하신 그리스도를 만나는 장면을 보게 하셨습니다. 그리고 이렇게 말씀하셨습니다. "만약 나에게 계속 구한다면 영적인 영역에 들어가 어떤 것들을 볼 수는 있다. 그러나 내 말씀을 그저 믿기로 하는 사람들에게는 천사를 직접 만나 그의 말을 듣는 사람들 보다 더 큰 축복이 있다." 그리고 주님은 이것을 마태복음 8장과 대조해주셨는데 거기서 백부장은 이렇게 말했습니다. "주님이 직접 우리 집에 오시지 않으셔도 됩니다. **다만 말씀으로만 하옵소서 그러면 내 하인이 낫겠사옵나이다**(마 8:8)." 예수님은 백부장의 믿음에 감탄하시며 제자들에게 이렇게 말씀하셨습니다. "내가 진실로 너희에게 이르노니 이스라엘 중 아무에게서도 이만한 믿음을 보지 못하였노라(마 8:10)."

사람들을 억지로 믿게 만들 수는 없다

예수님은 유대인 중에서는 이렇게 강력한 믿음을 가진 사람을 본 적이 없으셨습니다. 이 이방인의 믿음은 너무 강력해서 예수님께서 놀라실 정도였습니다. 수님께서 가장 위대한 믿음이라고 하신 것은 그분의 말씀을 단순히 믿는 것이었습니다.

예수님께 가장 적은 믿음은 도마의 믿음이었습니다. 예수님은 도마에게 못 자국 난 곳에 손가락을 넣어 보라고 하셨습니다(요 20:27). 그러자 도마는 "주여 내가 믿나이다(요 20:28)."라고 했습니다. 예수님은 뭔가 물리적인 것이 증명되었기에 믿는 자들보다 말씀을 단순히 믿는 자들에게는 더 큰 복이 있다고 말씀하신 것입니다(요 20:29).

노아의 방주 유물 안에 들어가 본적이 있다고 주장하는 사람이 그 안에서 나무 한 조각을 가지고 나와서는 "이것에 대해 영화를 만들면 모두를 믿게 할 수 있어요."라고 했습니다.

그러나 누구도 타인으로 하여금 믿게 만들 수는 없습니다. 믿음은 그 사람의 선택입니다. 설득을 통해 상대방을 믿게 만들 수 없습니다. 물리적인 증거를 이용하여 상대가 그것을 믿게 할 수도 없습니다. 그것은 불가능한 일입니다.

나사로가 죽었다가 살아난 것을 보고도 믿지 않았던 사람들도 있었습니다. 나사로는 죽은 뒤 나흘 동안이나 장사된 상태였습니다. 나사로가 무덤에서 나왔을 때 그의 손과 발은 묶여 있었습니다. 그래서 걸을 수 없었을 텐데 다시 살아나 무덤 밖으로 나온 것입니다(요 11:44). 사람들이 그 묶인 것을 풀어줘야 했습니다. 이 기적을 보고 믿은 사람들도 많았지만 보고도 믿지 않은 사람들이 있었습니다. 그들은 오히려 바리새인들에게 이 사실을 보고했고 대제사장과 함께 예수님과 나사로를 둘 다 죽일 음모를 꾸몄습니다(요 11:45-53, 12:10-11).

또 다른 나사로의 이야기는 어떻습니까. 한 부자가 죽어 지옥에 갔는데 자신의 형제들에게 나사로를 보내 전도하여 자신이 있던 그 끔찍한 곳에 오지 않도록 해 달라고 구했습니다.

> 이르되 모세와 선지자들에게 듣지 아니하면 비록 죽은 자 가운데서 살아나는 자가 있을지라도 권함을 받지 아니하리라 하였다 하시니라   누가복음 16:31

사람들의 의지와 상관없이 그들로 하여금 믿게 만드는 것은 불가능합니다. 그들이 스스로 믿기로 선택해야 합니다.

믿음으로 행하라

하나님께서 증거를 보여 주셔서 내 쪽에서는 믿지 않아도 될 때까지 기다리고 있습니까? 모든 의심이 사라질 정도로 물리적으로 분명해 질 때까지 기다리고 있습니까? 그것은 하나님을 기쁘시게 하지 못합니다.

> 믿음이 없이는 하나님을 기쁘시게 하지 못하나니…
> 히브리서 11:6

하나님이 원하신다면 하늘의 모든 구름 위에 그분의 이름을 쓰실 수도 있습니다. 하나님은 지나가는 개가 말을 하게 만드실 수도 있습니다. 발람의 나귀도 말하게 만드셨으니까요. 하나님께는 무엇이든 하실 수 있는 능력이 있으시지만 그분을 기쁘시게 하는 것은 믿음입니다(히 11:6). 하나님은 누구에게도 믿음을 강요하지 않으십니다.

"하나님, 증거를 보여 주세요. 저의 모든 의심이 사라지도록

요." 하나님은 그렇게 하지 않으실 것입니다. 주님은 당신을 너무 사랑하시기 때문에 당신이 하나님의 최선 안으로 들어오길 원하십니다. 그 최선이란 보지 않고 믿는 것입니다. 당신을 향한 하나님의 최선은 하나님의 약속을 그저 믿는 것입니다. 성령님께서 친히 내적 증거를 주시기 때문입니다. 당신을 위한 하나님의 최선은 믿음으로 행하는 것입니다(고후 5:7). 우리의 하나님은 믿음의 하나님입니다!

하나님께서 우리 삶 가운데로 오셔서 역사하지 않으신다는 말이 아닙니다. 그러나 그분은 이미 예수님의 모습으로 우리에게 오셨습니다. 하나님은 그리스도를 통해 모든 것을 증거하셨습니다. 시저가 존재했었다는 증거보다 예수님께서 이 땅에 사셨고, 죽으셨고, 부활하셨다는 증거가 더 많습니다. 역사의 다른 어떤 사실보다 예수님의 존재에 대한 증거가 더 많습니다. 직접 한번 조사해보십시오. 증거는 존재합니다. 예수님께서 이미 우리의 수준으로 내려오셔서 우리를 섬기셨고 이제는 우리를 주님의 수준으로 끌어올리고 계십니다. 주님은 우리로 하여금 초자연적인 믿음으로 행하도록 하시며 그것은 우리에게 이미 주어진 것들입니다. 이렇게 느껴지는 것과 상관없이 말씀을 그대로 취해 믿는 자들에 주어진 축복이 있습니다(요 20:29).

당신의 삶은 더 좋아질 것이다

　너무나 많은 축복이 존재하며 하나님은 이 모든 것들을 이미 공급하셨습니다! 당신은 하나님께서 선포해 놓으신 은총의 능력을 믿기로 선택하는 것만 하면 됩니다. 이러한 축복들이 무엇인지 발견하여 말로 선포함으로써 역사하게 만들기만 하면 됩니다. 이 축복들을 말하기 시작하십시오.

　말씀에 따라 행동하기 시작하십시오. 주님의 말씀에 협력한다면 하나님의 축복이 당신의 삶에 나타날 것이고 당신의 인생은 당신이 믿어 왔던 그 어떤 것 보나 훨씬 너 좋아질 것입니다.

　당신을 향한 하나님의 계획은 놀랍습니다. 당신의 미래는 너무나 눈부십니다. 하나님은 당신을 사랑하시고 당신은 축복 받은 사람입니다. 하나님의 최선을 받아 누리십시오!

예수님을 구주로 영접하는 기도

　예수 그리스도를 구세주로 영접하는 선택은 우리가 평생 내리는 결정 중에 가장 중요한 결정입니다!

하나님의 말씀은 이렇게 약속하고 있습니다. "네가 만일 네 입으로 예수를 주로 시인하며 또 하나님께서 그를 죽은 자 가운데서 살리신 것을 네 마음에 믿으면 구원을 받으리라 사람이 마음으로 믿어 의에 이르고 입으로 시인하여 구원에 이르느니라"(로마서 10:9-10). "누구든지 주의 이름을 부르는 자는 구원을 받으리라"(로마서 10:13)

하나님께서는 그분의 은혜로, 우리에게 구원을 주시기 위한 모든 일을 이미 다 마무리 해 놓으셨습니다. 이제 우리의 할 일은 단지 믿고 받아들이는 것뿐입니다.

이렇게 소리 내어 기도하십시오. "**예수님, 예수님이 나의 주님이시며 나의 구원자이심을 고백합니다. 나는 내 마음으로 하나님께서 예수님을 죽은 자 가운데서 살리신 것을 믿습니다. 하나님의 말씀을 믿음으로, 나는 지금 구원을 받습니다. 저를 구원해주셔서 감사합니다.**"

예수 그리스도께 인생을 맡기는 바로 그 순간 그 말씀의 진리가 즉시 영 안으로 들어갑니다. 이제 당신은 거듭났으므로 완전히 새로운 사람이 된 것입니다.

성령세례를 받는 기도

당신을 사랑하시는 하늘 아버지께서는 하나님의 자녀가 된 당신에게 앞으로 새로운 삶을 사는 데 필요한 초자연적인 능력을 주고 싶어 하십니다.

구하는 이마다 받을 것이요 찾는 이는 찾아낼 것이요 두드리는 이에게는 열릴 것이니라…하물며 너희 하늘 아버지께서 구하는 자에게 성령을 주시지 않겠느냐 누가복음 11:10-13

당신이 할 일은 다만 구하고, 믿고, 받는 것뿐입니다!
이렇게 기도하십시오. **"아버지, 이 새로운 삶을 살기 위해선 나에게 하나님의 능력이 필요함을 깨닫습니다. 저를 성령으로 채워 주세요. 이 순간, 나는 믿음으로 성령을 받습니다! 나에게 성령 세례를 주시니 감사합니다! 성령님을 저의 삶에 초청합니다. 성령님을 환영합니다!"**
축하합니다. 이제 당신은 하나님의 초자연적인 능력으로 충만해졌습니다.
무슨 말인지 모르는 언어가 마음속에서부터 입으로 솟아오를 것입니다(고전 14:14). 그것을 믿음으로 크게 말할 때 하나님의 능력이 안에서부터 흘러나와 당신을 영적으로 세워 줄 것입니다(고전 14:4). 이제, 언제 어디서든지 원할 때마다 방언으로 기도할 수 있습니다.

주님을 영접하는 기도를 했을 때, 그리고 주님의 성령을 받기 위해 기도했을 때 무엇을 느꼈든 아니면 아무것도 느끼지 못했든 그것은 전혀 중요하지 않습니다. 받은 줄로 마음에 믿으면 받은 것이라고 하나님의 말씀이 약속합니다. **"그러므로 내가 너희에게 말하노니 무엇이든지 기도하고 구하는 것은 받은 줄로 믿으라 그리하면 너희에게 그대로 되리라"**(마가복음 11:24). 하나님은 언제나 그분의 말씀을 지키십니다. 그것을 믿으십시오!

새로운 삶을 얻게 된 것을 진심으로 축하하고 환영합니다!

저자 소개

앤드류 워맥 목사는 지난 사십여 년 간 미국전역과 전 세계를 다니며 복음의 진리를 전하고 있습니다. 그는 하나님 말씀의 놀라운 계시를 단순 명료하게 전달하면서 무조건적인 하나님의 사랑 그리고 은혜와 믿음의 균형을 강조합니다. 그는 매일 방송되는 자신의 라디오 프로그램과 TV 프로그램 Gospel Truth(복음의 진리)를 통해 미국과 전 세계의 수백만 명에게 복음을 전하고 있습니다. 1994년에 캐리스 바이블 칼리지(Charis Bible College)를 설립하였고 미국의 주요 도시와 세계 곳곳에 분교가 설립되고 있습니다. 그간 연구한 자료들은 수많은 도서와 CD, DVD로 나와 있습니다.

앤드류 워맥의 수많은 설교는 책뿐만 아니라 오디오와 영상으로도 만들어졌습니다. 또한 경제적인 이유로 그의 자료를 구입할 수 없는 사람들에게 모든 자료를 사역초기부터 지금까지 무상으로 제공하고 있습니다.

연락처

앤드류 워맥 미니스트리(Andrew Wommack Ministries)
P.O. Box 3333 Colorado Springs, CO 80934-3333
719-635-1111 / 월-금 4:30 AM to 9:30 PM 산지표준시
홈페이지 www.awmi.net

앤드류 워맥 미니스트리 유럽(Andrew Wommack Ministries Europe)
P.O. Box 4392 WS1 9AR Walsall England
이메일: enquiries@awme.net
011-44-192-247-3300 / 7:30 AM to 4:00 PM GMT
홈페이지 www.awme.net

믿음의말씀사 출판물

구입문의 : 031-8005-5483 http://faithbook.kr

■ 케네스 해긴의「믿음 도서관」 책들
- 새로운 탄생
- 재정 분야의 순종
- 나는 지옥에 갔다 왔습니다
- 하나님의 처방약
- 더 좋은 언약
- 예수의 보배로운 피
- 하나님을 탓하지 마십시오
- 네 주장을 변론하라
- 셀 모임에서 성령인도 받기
- 안수
- 치유를 유지하는 법
- 사랑은 결코 실패하지 않습니다
- 하나님께서 내게 가르쳐 주신 형통의 계시
- 왜 능력 아래 쓰러지는가?
- 다가오는 회복
- 잊어버리는 법을 배우기
- 위대한 세 단어
- 하나님의 은사와 부르심
- 그 이름은 "놀라우신 분"
- 우리에게 속한 것을 알기
- 성령을 받는 성경적인 방법
- 하나님의 영광
- 은혜 안에서의 성장을 방해하는 다섯 가지
- 사랑 가운데 걷는 법
- 바울의 계시: 화해의 복음
- 당신은 당신이 말하는 것을 가질 수 있습니다
- 그리스도 안에서
- 말
- 방언기도의 능력을 풀어 놓으라
- 옳은 사고방식 틀린 사고방식
- 속량 - 가난, 질병, 영적 죽음에서 값 주고 되사다
- 네 염려를 주께 맡겨라
- 예언을 분별하는 일곱 단계
- 절망적인 상황을 반전시키기
- 당신의 믿음을 풀어 놓는 법
- 진짜 믿음
- 믿음이란 무엇인가
- 그리스도께서 지금 하고 계시는 일
- 충분하고도 넘치는 하나님 엘 샤다이
- 금식에 관한 상식
- 하나님의 말씀 : 모든 것을 고치는 치료제
- 가족을 섬기는 법
- 조에
- 당신이 알아야 하는 신유에 관한 일곱 가지 원리
- 여성에 관한 질문들
- 인간의 세 가지 본성
- 몸의 치유와 속죄

- 크게 성장하는 믿음
- 하나님 가족의 특권
- 기도의 기술
- 나는 환상을 믿습니다
- 병을 고치는 하나님의 말씀
- 영적 성장
- 신선한 기름부음
- 믿음이 흔들리고 패배한 것 같을 때 승리를 얻는 법
- 믿음의 선한 싸움을 싸우는 법
- 하나님의 계획과 목적과 추구
- 예수 열린 문
- 믿음의 계단
- 당신을 향한 하나님의 계획
- 역사하는 기도
- 기름부음의 이해
- 내주하시는 성령 임하시는 성령
- 재정적인 번영에 대한 성경적 열쇠들
- 어떻게 하나님의 영으로 인도받을 수 있는가?
- 마이더스 터치
- 치유의 기름부음
- 그리스도의 선물
- 방언
- 믿는 자의 권세(생애기념판)
- 믿음의 양식
- 승리하는 교회

■ E. W. 케넌
- 십자가에서 보좌까지 무슨 일이 일어났는가?
- 두 가지 의
- 놀라우신 그 이름 예수
- 하나님 아버지와 그분의 가족
- 나의 신분증
- 두 가지 생명
- 새로운 종류의 사랑
- 그분의 임재 안에서
- 속량의 관점에서 본 성경
- 두 가지 지식
- 피의 언약
- 숨은 사람
- 두 가지 믿음
- 새로운 피조물의 실재

■ 스미스 위글스워스
- 스미스 위글스워스의 천국
- 스미스 위글스워스의 매일묵상
- 위글스워스는 이렇게 했다
- 스미스 위글스워스의 능력의 비밀

■ T. L. 오스본
- 행동하는 신자들
- 기적 – 하나님 사랑의 증거
- 새롭게 시작하는 기적 인생
- 좋은 인생
- 성경적인 치유
- 능력으로 역사하는 메시지
- 100개의 신유 진리
- 24 기도 원리 7 기도 우선순위
- 하나님의 큰 그림
- 긍정적 욕망의 힘
- 당신은 하나님의 최고의 작품입니다

■ 잔 오스틴
- 믿음의 말씀 고백기도집
- 하나님의 사랑의 흐름
- 견고한 진 무너뜨리기
- 초자연적인 흐름을 따르는 법
- 당신의 운명을 바꿀 수 있습니다
- 어떻게 하나님의 능력을 풀어놓을 수 있는가?

■ 크리스 오야킬로메
- 여기서 머물지 말라
- 이제 당신이 거듭났으니
- 당신의 인생을 재창조하라
- 이 마차에 함께 타라
- 그리스도 안에 있는 당신의 권리
- 성령님과 당신
- 성령님이 당신 안에서 행하실 일곱 가지
- 성령님이 당신을 위해 행하실 일곱 가지
- 기적을 받고 유지하는 법
- 하나님께서 당신을 방문하실 때
- 올바른 방식으로 기도하기
- 당신의 믿음을 역사하게 하는 법
- 끝없이 샘솟는 기쁨
- 기름과 겉옷
- 약속의 땅
- 하나님의 일곱 영
- 예언
- 시온의 문
- 하늘에서 온 치유
- 효과적으로 기도하는 법
- 어떤 질병도 없이
- 주제별 말씀의 실재
- 마음의 능력

■ 앤드류 워맥
- 당신은 이미 가졌습니다
- 은혜와 믿음의 균형 안에 사는 삶
- 하나님의 참 본성
- 하나님은 당신이 건강하기 원하십니다
- 영 · 혼 · 몸
- 전쟁은 끝났습니다
- 믿는 자의 권세
- 새로운 당신과 성령님
- 노력 없이 오는 변화
- 하나님의 충만함 안에 거하는 열쇠
- 더 좋은 기도 방법 한 가지
- 재정의 청지기 직분
- 하나님을 제한하지 마라
- 하나님의 뜻을 발견하고 따라가며 성취하라
- 하나님의 참 본성
- 하나님의 최선 안에 사는 법

■ 기타 「믿음의 말씀」 설교자들
- 성령의 삶 능력의 삶
- 복을 취하는 법
- 주는 자에게 복이 되는 선물
- 믿음으로 사는 삶
- 붉은 줄의 기적
- 당신이 말한 대로 얻게 됩니다
- 예수–치유의 길 건강의 능력
- 성령 안의 내 능력
- 존 G. 레이크의 치유
- 믿음과 고백
- 임재 중심 교회
- 성령충만한 그리스도인의 지침서
- 열정과 끈기
- 제자 만들기
- 어떻게 교회를 배가하는가
- 운명
- 모든 사람을 위한 치유
- 회복된 통치권
- 그렇지 않습니다
- 당신의 자녀를 리더로 훈련하라
- 오순절 운동을 일으킨 하나님의 바람
- 주일 예배를 넘어서
- 신약교회를 찾아서
- 내가 올 때까지
- 매일의 불씨
- 여성의 건강한 자아상

■ 김진호 · 최순애
- 왕과 제사장
- 새로운 피조물의 실재
- 믿음의 반석
- 새 언약의 기도
- 새로운 피조물 고백기도집(한글판/한영대조판)
- 성령 인도
- 복음의 신조
- 존중하는 삶
- 성경의 세 가지 접근
- 말씀 묵상과 고백
- 그리스도의 교리
- 영혼 구원
- 새로운 피조물
- 믿음의 말씀 운동의 뿌리
- 1인 기업가 마인드
- 내 양을 치라
- 새사람을 입으라